교회의
고백과 찬양

Preface

　이 책에서는 개신교 교리의 내용을 전체적으로 소개하고자 합니다. 그렇기에 이미 시중에 나와 있는 많은 교리서와 내용이 중첩될 수도 있습니다. 그러나 이 책을 내고자 한 데에는 또 다른 목적이 있습니다. 교리가 난해하다는 인식에서 벗어나서 목회자와 성도가 함께 읽을 수 있는 교리 책을 내고자 하는 것이었습니다. 저자들은 이 목적을 위해서 중요한 신학적 용어나 주제를 이야기하면서, 그것을 설명하기 위해 명확한 성경 본문을 명시하여 신학을 공부하지 않은 분이라도 쉽게 이해할 수 있도록 노력하였습니다. 저희는 이 졸고가 목회자나 일반 성도들이 함께 접근하여 공부할 수 있는 자료가 되기를 소망합니다.

　이 책에서는 세 가지 신학적 원리에 방점을 찍고 전체 교리를 설명하고자 했습니다. 첫 번째는 개혁신앙의 기초가 되는 원리인 '오직 은혜'입니다. 하나님의 주권과 은혜가 성경 교리의 가장 중요한 원리라는 것은 당연하지만 이 점이 잘 드러나도록 내용을 서술했습니다. 두 번째로 '그리스도와의 연합'입니다. 16세기 종교개혁 당시 개혁파 신학자들의 작품들을 보면, 그들은 하나님의 구원과 교회를 설명할 때 '그리스도와의 연합'이라는 가르침을 중심에 두었습니다. 따라서 이 내용을 회복하고자 하였습니다. 세 번째는 '교회론의 확대'입니다. 성도들은 대부분 교회공동체에 속하여 신앙생활을 하게 되므로 교회의 중요성과 필요성을 설명하고자 하였습니다. 지금 한국 교회의 큰 어려움은 많은 성도들이 신앙에 대해서는 긍정적으로 생각하지만 교회는 멀리하려고 한다는 점입니다. 이러한 문제점을 어느 정도 해소하기 위하여 교회가 왜 신앙의 중요한 요소인지를 설명하려고 하였습니다. 성도들이 이 책을 읽고 난 후에, 구원자 그리스도와 그분의 몸된 교회를 더욱 사랑하게 되기를 소망합니다.

이 책은 여러 사람이 힘을 합쳐서 쓴 것입니다. 물론 초안을 작성한 사람은 있지만 다수의 목회자들에 의해서 보완되고 수정되었습니다. 이 책이 크지 않은 것임에도 불구하고 여러 사람이 함께한 이유는 그렇게 하는 것이 내용의 객관성과 보편성을 조금이라도 더 확보하는 방법이라고 생각했기 때문입니다. 그리스도의 교회는 함께 이루어가는 것이라고 믿습니다. 동역한 사역자들은 김병석 목사, 김지훈 목사, 안종성 목사, 유광진 목사, 전병재 목사입니다. 이들은 김지훈 목사가 네덜란드에서 유학을 마치고 돌아올 즈음에 개혁주의 신앙정신 아래 함께 교제해 온 목사들입니다. 지난달 오랜만에 신앙모임을 하였는데, 안타깝게도 모임 이후에 모두 코로나에 확진이 되었습니다. 한편으로는 동역자로서 끈끈한 동지애를 느끼면서 신앙애로 서로를 위로하는 감사의 시간을 보냈습니다. 격리된 기간에 하나님 앞에서 보다 의미 있는 일을 하기 위해 힘을 모으기로 했는데, 그 결과가 바로 이 책입니다. 여러모로 부족한 책일 뿐입니다. 교회의 머리 되신 그리스도께서 이 보잘것없는 것을 받아주시기를 간구합니다. 아울러 한국 교회의 모든 성도들에게 하나님과 우리 주 그리스도에 대한 지식과 지혜가 충만하시기를 기원합니다.

2022년 4월 1일

김병석 목사, 김지훈 목사, 안종성 목사, 유광진 목사, 전병재 목사 드림

Contents

고백과 찬양 ❶

성경에 대하여

고백과 찬양

①

성경에 대하여

"모든 성경은 하나님이 감동으로 된 것으로 교훈과 책망과 바르게 함과 의로 교육하기에 유익하니 이는 하나님의 사람으로 온전하게 하며 모든 선한 일을 행할 능력을 갖추게 하려 함이라"딤후 3:16-17

이제부터 우리는 하나님이 어떠한 분인지, 하나님이 베푸신 구원이 어떠한 것인지를 살펴보고자 합니다. 그런데 본격적인 내용으로 들어가기 전에 먼저 살펴봐야 할 것이 있습니다. 그것은 성경이 어떤 책이냐 하는 것입니다. 이것을 먼저 보아야 하는 이유는 앞으로 전개될 모든 내용이 성경에서 나오기 때문입니다. 그러면 성경은 어떤 책이며, 왜 우리가 성경을 보아야 하는지를 잠시 생각해 보겠습니다.

사람이 하나님을 알 수 있는가?

세상의 창조자는 하나님이십니다. 하나님에게만 구원이 있고 생명과 진리가 있습니다. 사람은 하나님께 의지하여 생명과 진리를 누리게 되어 있습니다. 사람이 하나님과 떨어지는 것은 죽음이며 파멸입니다. 그러므로 사람이 구원을 받기 위해서는 세상을 창조하시고, 모든 생명과 진리의 근원이신 하나님을 아는 것이 반드시 필요합니다. 그런데 우리가 하나님에 대해서 알고자 할 때 두 가지 문제가 생깁니다.

첫 번째로 하나님은 우리의 감각을 뛰어넘으시는 분이며, 그렇기에 우리의 감각으로는 하나님을 알 수 없습니다. 하나님은 우리와 같이 육체를 갖지 않으시며, 완전하고 무한한 '영'이십니다. 우리는 정확히 하나님이 어떠한 형태로 계시는지조차 알 수 없습니다. 그렇다면 우리의 눈에 보이지도 않고, 냄새도 맡을 수 없으며, 손으로 만져지지도 않는 하나님을 우리가 어떻게 알 수 있을까요? 두 번째로 우리는 하나님을 감각할 수 없을 뿐만 아니라, 하나님을 알고자 하는 마음이 없습니다. 왜냐하면 우리는 지극히 부패하였고 이기적인 존재이기 때문입니다. 전능자가 계신다고 할지라도 하나님을 알고자 하지 않으며 섬기려고 하지 않습니다.

오히려 그분을 멀리하려고 합니다. 그렇다면 이렇게 부패한 사람이 어떻게 하나님을 알 수 있으며, 안다고 할지라도 어떻게 하나님을 섬길 수 있을까요?

그렇기에 우리가 하나님을 알기 위해서는 그분이 자신을 낮추어서 우리에게 보여주셔야 합니다. 우리가 하나님을 알 수 있는 형태로 자신을 보이지 않으신다면, 우리는 하나님을 알 수 없습니다. 성경은 하나님께서 우리에게 자신을 보이셨다고 말합니다.

"이는 하나님을 알 만한 것이 그들 속에 보임이라 하나님께서 이를 그들에게 보이셨느니라 창세로부터 그의 보이지 아니하는 것들 곧 그의 영원하신 능력과 신성이 그가 만드신 만물에 분명히 보여 알려졌나니 그러므로 그들이 핑계하지 못할지니라." 롬 1:19, 20

이렇게 하나님께서 자신을 말씀과 행위로서 우리에게 보여주시는 것을 '계시'라고 부릅니다. '계시'는 헬라어로 "아포칼립시스"apokalupsis인데, '제거'를 의미하는 "아포"apo와 '덮다', '감추다'를 의미하는 "칼립토"kalupto의 합성어로 '덮개를 제거하므로 안에 감춰져 있던 것을 밖으로 드러냄'을 의미합니다. 곧 계시는 하나님이 인간에게 그분 자신과 성품, 사역, 뜻 혹은 목적에 대한 진리를 전달하는 행동이며, 우리가 진리를 볼 수 있도록 진리를 감추는 모든 베일을 벗기는 것이라 하겠습니다. 만약에 하나님께서 인류에게 은혜를 베풀어 자신을 보여주시는 계시가 없다면 우리는 하나님에 대해서 알 수 없을 것입니다. 그렇다면 하나님께서 자신을 보여주시는 '계시'는 어떤 것이 있는지 살펴보겠습니다.

🐟 하나님을 알려주는 수단 (1)
: 자연

하나님께서는 인류를 사랑하여 자연과 우주에 자신을 알 만한 것을 보여주셨습니다. 하나님은 우주의 모든 피조물을 통하여 자신이 살아 있음을 보이십니다. 하늘과 땅과 별들이 하나님이 계신다는 것을 증명해 줍니다. 왜냐하면 만물이 창조주 하나님의 손길로 창조되었기 때문입니다. 만약 사람이 열린 마음을 가지고 하늘을 바라본다면 이것을 만드신 분을 생각할 수 있을 것입니다롬 1:20.

그러나 성경은 이러한 우주와 자연에 있는 계시가 사람을 하나님께 인도할 수 없다고 합니다. 이것은 하나님의 계시가 부족하기 때문이 아닙니다. 앞에서 언급한 대로 '사람의 부패' 때문입니다. 죄로 부패하여 눈이 가려진 사람은 하나님에 대한 지식을 무시하거나 잘못 사용했다고 말합니다. 성경은 이렇게 말합니다.

"하나님을 알되 하나님을 영화롭게도 아니하며 감사하지도 아니하고 오히려 그 생각이 허망하여지며 미련한 마음이 어두워졌나니 스스로 지혜 있다 하나 어리석게 되어 썩어지지 아니하는 하나님의 영광을 썩어질 사람과 새와 짐승과 기어다니는 동물 모양의 우상으로 바꾸었느니라."롬 1:21-23

성경은 하나님께서 이 땅에 자신을 알 만한 것을 보여주셨으나, 사람이 스스로 부패하여 미련해졌다고 합니다. 사람은 하나님이 계시는 것은 알지만 자기 욕심과 탐욕에 따라서 그분을 섬기기를 거절합니다. 왜냐하면 하나님은 의와 거룩을 요구하시는 분이기 때문입니다. 그렇기에 죄인들은 하나님의 영광을 피조물의 형상으로 바꾸었습니다. 그것이 곧 우상입니다. 우상은 대부분 사람, 소, 개, 독수리 등과 같은 피조물의 형태입니다. 그래서 성경은 욕심이 곧 우상숭배라고 말합니다 골 3:5.

그러나 역설적으로 이 우상은 사람들이 하나님을 알고 있다는 증거가 됩니다. 사람들은 하나님을 몰랐다고 핑계할 수 없습니다. 그럼에도 분명한 사실은 자연에 나타난 계시가 더는 사람에게 아무런 도움을 주지 못한다는 것입니다. 하나님께서 사람에게 구원을 주시기 위해서는 '더 분명하고 새로운' 계시를 주셔야 합니다.

하나님을 알려주는 수단 (2)
: 성경

사랑이 많으신 하나님께서는 타락한 인류를 구원하기 위하여 직접 이 세상 역사에 개입하셔서 사람에게 자신을 보여주시고 말씀을 하셨습니다. 그렇게 자신을 구체적으로 보여주기 시작한 사람이 창세기에 기록된 아브라함과 그의 후손인 이스라엘이었습니다. 이로 인해서 사람은 '하나님이 어떠한 분이시며, 그분이 어떻게 죄인을 구원하시고, 또 백성들에게서 무엇을 원하시는지' 알게 되었습니다. 우리가 이스라엘의 역사를 연구하는 이유는 이스라엘이라는 민족이 특별하기 때문이 아닙니다. 하나님께서 먼저 그 나라의 역사에 개입하셔서 자신을 보이셨기 때문입니다. 그러므로 그 나라의 역사인 구약성경을 연구하는 것은 하나님을 아는 방법입니다. 이스라엘은 하나님의 은혜와 계시를 받았다는 면에서 특별한 나라입니다.

그렇다면 하나님께서 자신을 보여주시는 계시의 방법에는 무엇이 있을까요? 하나님께서 구약에서 말씀하신 방법은 '이적', '현현', '꿈'과 같은 것입니다. 이적은 특별한 기적입니다. 현현은 하나님께서 여러 가지 방법, 곧 천사나 불, 구름 등 자연을 통하여 나타나신 것입니다. 여기에는 '환상'도 포함될 것입니다. 꿈은 구약에서 선지자들에게 말씀을 주시는 방법이었습니다. 구약에서 이러한 방법을 통하여 이스라엘 민족에게 말씀하셨던 하나님께서 신약에서는 더 분명하고 확실한 방법으로 계시를 주셨습니다. 그것은 '말씀을 주신 하나님께서 사람이 되어 직접 오신 것'입니다. 바로 하나님의 아들이신 '예수 그리스도'이십니다. 예수께서는 하나님의 아들이자 '말씀'이셨습니다요 1:1. 하나님을 본 사람이 아무도 없지만 아버지의 품속에 있던 독생자께서 오셨습니다. 그리스도께서는 자신을 '처음부터 말하여 온 자'라고 말씀하셨습니다요 8:25-27. 이것은 구약에서부터 족장과 선지자와 천사를 통하여 말씀하신 하나님께서 바로 이분이셨음을 증언해주는 것입니다. 그리고 때가 되자 직접 오셔서 아버지 하나님의 뜻을 전해주셨습니다. 그리스도는 우리에게 구원자 하나님의 뜻을 충만하게 가르쳐주셨습니다. 그리고 성령 하나님이 우리에게 오시면, 새로운 것을 가르쳐주지 않으시고 그리스도께서 가르쳐주신 것을 깨닫게 하셨습니다요 16:13-16.

그러므로 성경은 다음과 같이 말합니다.

"옛적에 선지자들을 통하여 여러 부분과 여러 모양으로 우리 조상들에게 말씀하신 하나님이 이 모든 날 마지막에는 아들을 통하여 우리에게 말씀하셨으니 이 아들을 만유의 상속자로 세우시고 또 그로 말미암아 모든 세계를 지으셨느니라."히 1:1, 2

하나님께서는 예수 그리스도를 통하여 우리에게 모든 것을 가르쳐주셨습니다. 하나님은 그리스도 안에서 모든 구원의 역사를 보이셨고 이루셨으며 더는 숨기시는 것이 없습니다. 그러므로 우리에게는 하나님의 말씀을 전해줄 선지자나 사도가 필요가 없습니다. 오직 구약의 하나님의 역사와 예수 그리스도의 말씀을 해석해 주고 풀어주는 목사와 교사가 필요할 뿐입니다. 그러므로 하나님의 뜻과 구원을 알고 싶은 사람은 더는 다른 어떤 것을 찾을 필요가 없습니다. 하나님에 대해서 기록된 말씀인 성경을 읽으면 됩니다. 성경에서 가장 중심되는 내용은 '창조주 하나님과 아들 예수 그리스도의 구원'입니다. 성경은 성도의 거룩한 삶과 교회의 사명에 대해 가르칩니다.

여기서 한 가지 문제를 더 생각해 보겠습니다. 하나님께서는 그분의 말씀을 기록하게 하셨습니다. 그 기록을 모은 것이 '성경'입니다. 그렇다면 왜 하나님의 말씀을 기록하게 하셨을까요? 여기에는 두 가지 이유가 있습니다. 첫 번째로 하나님의 말씀을 후대에게까지 전하기 위해서입니다. 성경은 다음과 같이 말합니다.

"예수께서 제자들 앞에서 이 책에 기록되지 아니한 다른 표적도 많이 행하셨으나 오직 이것을 기록함은 너희로 예수께서 하나님의 아들 그리스도이심을 믿게 하려 함이요 또 너희로 믿고 그 이름을 힘입어 생명을 얻게 하려 함이니라." 요 20:30, 31

복음서 기자는 예수님이 오셨던 당시뿐만 아니라, 후에 올 많은 사람들을 구원받게 하기 위해서 예수님의 행적을 기록하였다고 합니다. 이렇게 하나님은 그분의 뜻을 많은 사람들이 알게 하기 위해서 말씀을 기록하게 하셨습니다.

두 번째로 하나님께서 말씀을 기록하게 하신 것은 온전한 하나님의 말씀을 지키기 위한 것이었습니다. 하나님은 자신의 말을 사람들이 잊어버리거나, 함부로 곡해하지 않도록 기록해 놓으셨습니다. 우리가 기록된 말씀을 가지고 언제든지 하나님의 뜻을 공부하며, 우리의 생각이 옳은 것인지 확인할 수 있도록 해놓으셨습니다.

✦✝✦ 성경의 구성

기록된 하나님의 말씀인 '성경'을 둘로 구분하면 구약舊約: 옛 약속과 신약新約: 새 약속으로 나뉩니다. 여러분이 가진 성경도 둘로 나뉘어 있는 것을 확인하실 수 있으실 것입니다. 성경의 전반부인 구약성경에는 세상 창조창세기부터 세상에 하나님의 아들이신 메시아가 오시기 약 400년 전에 유대에서 활동하던 때말라기까지의 이스라엘 역사가 기록되어 있습니다. 성경의 후반부인 신약성경에는 메시아께서 유대 땅에 오시고 난 후부터 그분의 제자인 사도들의 사역과 세상의 종말, 즉 하나님의 아들이 다시 오실 때까지의 역사가 기록되어 있습니다. 메시아께서 오시기 전의 역사를 구약, 옛 언약이라고 부르는 이유는 하나님의 아들이 오시기 전에 이스라엘에 주신 언약과 은혜가 기록되어 있기 때문입니다. 그리고 메시아가 오신 후부터 종말까지를 신약이라고 하는데, 하나님께서 예수 그리스도를 통하여 교회에 새로운 언약을 주셨기 때문입니다. 그러나 이 두 언약은 같은 것이며, 주신 때에 따라서 옛 언약, 새 언약이라고 부르는 것뿐입니다.

성경의 내용을 조금 더 자세히 살펴보겠습니다. 구약성경의 첫 번째 책인 창세기에는 하나님께서 세상을 창조하신 때부터 하나님이 택한 백성 이스라엘의 시조가 되는 아브라함과 족장들의 역사가 기록되어 있습니다. 출애굽기부터 사사기까지는 이스라엘 민족이 애굽에서 나와서 가

나안 땅에 그들의 나라를 세운 역사가 기록되어 있습니다. 사무엘서부터 말라기까지는 하나님의 나라인 이스라엘 왕정의 역사와 그들에게 나타내신 하나님의 뜻과 구원사역이 기록되어 있습니다. 신약성경으로 넘어와서 복음서에는 자신의 백성을 구원하기 위해서 이 세상에 오신 하나님의 아들의 행적과 말씀, 그리고 그분의 죽으심과 부활이 기록되어 있습니다. 그리고 사도행전에는 그리스도의 제자들의 행적, 곧 유대 땅을 넘어서서 세상 곳곳에 교회를 세웠던 사도들의 사역이 기록되어 있습니다. 그 후에는 사도들이 교회에 하나님의 뜻을 가르치기 위해서 보낸 서신들이 기록되어 있고, 마지막 요한 계시록에는 이 세상 끝에 다시 오실 예수 그리스도에 대한 예언과 그때 이루어질 '새 하늘과 새 땅'에 대해서 기록되어 있습니다.

🐟 성경의 중심 주제

성경은 전체적으로 역사서의 성격을 가지고 있습니다. 구약은 이스라엘 민족의 역사, 신약은 교회의 역사입니다. 그러나 성경을 종합해 보면 주제는 크게 세 가지입니다. 첫 번째로 '하나님께서 어떠한 분이신가?' 하는 것입니다. 하나님을 바로 알고 섬기기 위해서는 그분이 어떤 분이신가를 알아야 합니다. 우리가 어떤 사람과 바로 교제하기 위해서는 그 사람에 대해서 알아야 하는 것처럼 우리가 하나님을 경외하고 따르기 위해서는 하나님이 어떤 분이신지를 알아야 합니다. 성경을 통해서 가장 먼저 배워야 하는 것은 우리가 섬겨야 할 하나님이 어떤 분이신가 하는 것입니다. 성경은 하나님이 어떠한 분이시며, 어떠한 뜻을 가지고 계시며, 어떻게 역사하시는지를 알려줍니다. 그러면 여기서 생각해 봅시다. 성경을 제외하고는 하나님을 알 수 없을까요? 세상에는 많은 신화가 있고, 전설이 있으며, 사람마다 가진 하나님에 대한 생각이 있습니다. 그러나 이러한 지식은 대부분 인간의 오해와 욕심으로 잘못된 것들입니다. 그렇기에 우리에게 하나님에 대한 바른 지식을 줄 수 있는 것은 오직 성경뿐입니다.

두 번째로 '사람이 어떠한 존재인가?' 하는 것입니다. '우리가 사람인데 우리 자신을 모르겠는가?' 어떤 분은 이렇게 생각하실지 모르겠습니다. 맞습니다. 우리가 사람입니다. 그러나 사람이 어떻게 시작되었으며, 어떤 상태이며, 어떠한 목적을 가지고 있는가에 대한 물음은 쉬운 주제가 아닙니다. '인간이 선한가, 악한가?', '창조된 존재인가, 진화된 존재인가?' 등은 인류가 오래전부터 생각해 오던 주제이고, 지금도 철학과 과학이 논쟁 중에 있습니다. 성경은 사람을 창조하신 하나님께서 사람을 어떤 존재로 생각하고 계시고, 어떤 목적을 가지고 계시는가를 보여줍니다. 그렇기 때문에 성경이 가르쳐주는 사람의 모습이 가장 정확합니다. 이것은 어떤 철학이나 과학을 가지고도 알 수 없는 내용입니다.

마지막으로 성경은 '하나님이 사람을 어떻게 구원하시며, 구원받은 사람이 하나님을 어떻게 섬겨야 하는가?'를 가르쳐줍니다. 성경은 사람이 구원받아야 할 존재이며, 하나님께서 그를 구원하시기 위해서 크고 기이한 일을 행하셨다고 가르칩니다. 하나님께서는 온 세상에 있는 자신의 백성을 구원하기 위하여 이스라엘을 택하셨고, 죄인들을 구원하기 위해서 자신의 아들을 세상에 보내어 십자가 위에서 죽게 하시고 부활하게 하셨습니다. 그리고 그리스도께서는 교회의 머리가 되어 지금도 하나님의 백성들에게 구원의 은혜를 베푸시며 인도하고 계시다고 합니다. 하나님의 은혜를 받아 구원받은 성도는 하나님을 위한 삶을 삽니다. 이렇게 성경은 하나님이 베푸신 은총과 그분의 백성들이 하나님께 드려야 할 감사의 내용을 가르칩니다.

성경은 우리에게 '하나님에 대하여', '사람에 대하여', '구원에 대하여'

가르칩니다. 우리는 성경을 제외하고 어떤 종교나 문학, 철학에서도 이 세 가지 주제에 대한 가르침을 찾을 수 없습니다.

성경과 성령 하나님

그렇다면 하나님께서 주신 말씀인 성경을 우리가 어떻게 사용해야 할까요? 당연히 성경은 책이기 때문에, 이 책을 열심히 읽고, 그 말씀을 묵상해야 할 것입니다. 그것이 성경을 사용하는 방법입니다. 그러나 우리가 이 일을 할 때 반드시 함께 계셔야 할 분이 있습니다. 그분은 바로 '성령 하나님'이십니다. 성경은 다음과 같이 말합니다.

"보혜사 곧 아버지께서 내 이름으로 보내실 성령 그가 너희에게 모든 것을 가르치고 내가 너희에게 말한 모든 것을 생각나게 하리라." 요 14:26

그렇기에 성령께서 말씀을 가르치고 감동하시지 않고는 사람은 하나님의 말씀을 깨달을 수도 없고 믿을 수도 없습니다 사 6:10. 성경은 예수 그리스도께서 오신 이후에 하나님의 말씀이 더욱 편만해졌다고 합니다.

"하나님이 말씀하시기를 말세에 내가 내 영을 모든 육체에 부어 주리니 너희의 자녀들은 예언할 것이요 너희의 젊은이들은 환상을 보고 너희의 늙은이들은 꿈을 꾸리라 그때에 내가 내 영을 내 남종과 여종들에게 부어 주리니 그들이 예언할 것이요." 행 2:17, 18

이것은 신약에 들어서 이방인도 구원하시고 그들에게 성령 하나님께서 오심으로 이루어질 것입니다. 성령께서는 말씀을 깨닫고 믿는 모든 사람들과 함께하십니다.

그러면 여기서 질문이 생깁니다. 왜 성도가 말씀을 듣고 읽을 때에 반드시 성령 하나님께서 계셔야 할까요? 성경이 이해할 수 없는 책이 아닌데 말입니다. 그것은 사람들이 부패하여 하나님의 말씀을 깨닫지 못하기 때문입니다. 모두가 자기가 좋은 대로 해석합니다. 말씀을 읽어도 자기 마음대로 해석합니다. 또한 말씀을 알아도 그 말씀을 믿지 못하며, 행할 힘이 없기 때문입니다.

"태초에 하나님이 천지를 창조하시니라." 창 1:1

성경의 가장 첫 구절인 이 말씀을 믿는 것은 성령 하나님께서 믿음을 주어 증거하신 사람들만 가능한 것입니다. 그렇다면 그 후에 있는 모든 성경의 말씀 역시 성령 하나님께 믿음을 받은 자들만이 믿고 신뢰할 수 있을 것입니다. 그렇기에 성령께서 말씀을 깨우쳐주시고 믿게 하셔야 합니다. 이것을 학자들은 '성령의 조명'illumination이라고 부릅니다. '조명'은 어두운 곳에 빛을 비추어 어떤 것을 보여주는 것을 말합니다. 성령께서는 성도들의 어두운 마음에 역사하여 하나님의 말씀을 깨닫고 믿게 해주십니다. 그러므로 우리는 말씀을 듣고 읽을 때 항상 성령 하나님의 도우심을 구합니다. 성령이 계시지 않으면 아무도 말씀을 깨달을 수 없기 때문입니다.

그런데 여기서 한 가지 문제를 더 생각해 봐야겠습니다. 만약 어떤 사람이 성령 하나님께서 깨닫게 해주셨다고 하면서 우리가 아는 것과 전혀 다른 해석을 한다면 어떻게 해야 할까요? 엡 4:7-12을 생각해 봅시다. 에베소서는 우리에게 '교회가 무엇인지'를 가르칩니다. 교회의 머리는 예수 그리스도이며, 승천하신 예수께서 하늘에서 교회를 위하여 여러 가지 은사를 주신다고 합니다. 그중 하나가 말씀을 해석하는 사역을 맡은 자입니다. 여기서 알 수 있는 것은 하나님의 말씀은 개인을 위한 것일 뿐만 아니라, 교회를 위한 것이라는 사실입니다. 정당한 말씀 해석은 교회에서 인정을 받아야 합니다. 그리스도는 개인의 머리가 아닌 교회의 머리이기 때문입니다. 개인이 성경 말씀을 가지고 남다른 해석을 했을 때, 교회에서 받아들일 수 없다면 그 해석은 심각하게 고민해 봐야 합니다. 초대 교회도 이방인의 구원 문제로 인하여 교회의 사도들과 장로들이 모여서 논의를 하여 결정했음을 알 수 있습니다^{행 11장}. 교회는 객관적인 말씀 위에 서야 합니다. 이것은 교회가 그리스도를 머리로 하여 모두 한 말씀과 은혜를 받고 있으며, 성령께서 교회를 키우고 가르치고 계시기 때문입니다. 이것을 넘어서서 개인의 해석을 주장하는 것은 공적으로 인정받을 수 없습니다. 내 마음을 밝혀주신 성령 하나님께서 어떻게 다른 사람에게는 없다고 할 수 있겠습니까? 만약 옳은 해석이라면 교회가 그 해석에 동의할 수 있을 것입니다. 이를 위해서 교회는 각종 회의 기구^{노회, 총회 등}를 두고 있습니다. 거기에서 우리는 말씀에 대한 바른 해석을 살펴봅니다.

또한 교회의 공예배에서 선포되는 '설교 말씀'이 가장 권위 있는 말씀의 해석입니다. 이를 위해서 교회는 오랜 시간 동안 신학과 말씀 훈련을 받은 목사를 공적인 설교자로 세우며, 그들이 객관적이고 신뢰할 수 있는 말씀의 해석을 성도에게 가르치게 하는 것입니다. 그러므로 성도 개인의 체험이나 해석을 교회의 공적인 해석 위에 놓는 것은 적절하지 않습니다.

그렇다면 성령께서 말씀을 통하여 그분의 백성들에게 알려주시는 것이 무엇일까요? 성경은 다음과 같이 말합니다.

"그러나 진리의 성령이 오시면 그가 너희를 모든 진리 가운데로 인도하시리니 그가 스스로 말하지 않고 오직 들은 것을 말하며 장래 일을 너희에게 알리시리라 그가 내 영광을 나타내리니 내 것을 가지고 너희에게 알리시리라 무릇 아버지께 있는 것은 다 내 것이라 그러므로 내가 말하기를 그가 내 것을 가지고 너희에게 알리시리라 하였노라." 요 16:13-15

이 말씀에서 예수께서는 성령이 오시면 그가 예수의 말씀을 증명하실 것이라고 하십니다. 성령께서는 말씀을 가지고 성도를 그리스도께로 인도합니다. 그리스도만을 생명의 주로 고백하게 하시며, 그분의 거룩한 성품을 닮게 하십니다. 그리스도께서 가르치지 않으신 교훈이나 행위를 가르치는 영과 사람은 거짓된 영과 교사입니다 요일 4:1-3. 어떤 사람이나 위인이 아니라 그리스도의 말씀을 사모하는 것이 성도된 자의 마땅한 모습입니다. 그리스도의 양은 그리스도의 말씀만을 따를 것입니다

요 10:27-30.

고백과 찬양 ❷

하나님에 대하여

하나님에 대하여

"이스라엘의 왕인 여호와, 이스라엘의 구원자인 만군의 여호와가 이같이 말하노라 나는 처음이요 나는 마지막이라 나 외에 다른 신이 없느니라" 사 44:6

🐟 하나님의 이름

하나님은 '영'이시기 때문에 눈으로 보거나 만질 수 있는 분이 아닙니다. 여기에서 우리는 큰 문제를 만나게 됩니다. 하나님을 아는 것이 생명의 근원인데, 그렇다면 만지거나 볼 수 없는 분을 어떻게 알 수 있을까요? 어떻게 하나님께서 베푸시는 구원의 은혜를 입을 수 있을까요?

하나님께 이름을 붙이는 것이 가능한가?

감사하게도 우리는 하나님께서 스스로를 계시하신 성경을 가지고 있습니다. 성경이 없다면 하나님이 어떠한 분이신지, 하나님께서 우리를 위해서 어떤 일을 하셨는지 알 수 없을 것입니다. 하나님께서는 말씀을 통하여 자신을 드러내 보이셨습니다. 그중에 우리가 먼저 알아야 할 것은 그분의 이름입니다. 우리는 하나님의 이름을 통해서 그분을 알 수 있습니다. 하나님의 이름은 인간이 만들어낸 것이 아니라 하나님께서 친히 우리에게 알려주신 것이기 때문입니다.

이름을 통하여 존재 자체를 아는 것은 하나님만 가능한 일입니다. 예를 들어서, 사람의 이름에 그의 됨됨이가 드러나지는 않습니다. 사람에게 붙은 이름은 좋은 의미를 가졌을지라도 부모의 소망이 담겨 있는 것이지 그 사람 자체를 드러내지는 않습니다. 하지만 하나님은 다릅니다. 누구도 하나님께 이름을 드릴 수 없으며, 그분의 영광과 능력과 풍성함을 온전히 담을 수 있는 이름은 존재할 수 없습니다. 그런 면에서 중세 교회시대에는 그분에 대해서 무엇인가 정의하며, 그분의 이름을 부르는 것을 두려워하는 신학자들도 있었습니다. 물론 그 주장도 어느 정도 옳습니다. 그러나 분명한 사실은 하나님께서는 성경에서 자신을 '이렇게' 부르라고 가르쳐주셨다는 것입니다. 그 이름이 하나님의 모든 풍성하심을 다 드러내지는 못한다고 할지라도, 자신의 백성들에게 드러내기 원하시는 모습이 하나님의 이름 안에 담겨 있습니다. 하나님께서 우리에게 직접 알려주신 것이기에 그 이름은 진실하며, 그 이름을 통하여 그분에 대해서 어느 정도 알 수 있습니다.

구약의 이름: 엘과 엘로힘

구약성경이 알려주는 하나님의 첫 번째 이름은 '엘'El 혹은 '엘로힘'Elohim입니다. 여기서 '엘로힘'은 '엘'의 복수형이므로 같은 의미로 보시면 되겠습니다. 먼저 '엘'은 보통 한글 성경에서 '하나님'이라고 번역된 이름입니다. 이 이름은 '강한 자', '전능한 자'라는 의미를 가지고 있습니다. 창 1:1은 '태초에 하나님엘로힘이 천지를 창조하셨다'고 합니다. 이것은 천지를 창조하신 분이 '전능하신 분'이라는 사실을 알려주는 것입니다. '엘'이라는 이름을 통하여 성경은 하나님께서 뜻대로 무엇이든지 하실 수 있는 분임을 알려줍니다.

그러면 '엘'의 복수형인 '엘로힘'은 어떤 의미를 가지고 있을까요? 물론 '전능하신 분'이라는 의미를 가지고 있습니다. 그런데 '복수형'입니다. 정확한 의미를 따지면 '하나님들'이라는 의미가 될 것입니다. 성경은 하나님이 한 분이라고 말씀하고 있는데 왜 복수형을 쓰는 것일까요? 교회는 이 명칭을 놓고 대개 두 가지 의미로 해석해 왔습니다. 첫 번째는 이 복수형 자체가 '삼위일체'를 가르쳐준다는 것입니다. 이미 구약의 엘로힘이라는 이름에서 하나님 한 분 안에는 '성부, 성자, 성령'께서 계신다는 것을 어렴풋이나마 알려준다고 생각했습니다. 구약성경에서도 이미 곳곳에서 삼위일체 하나님이 드러납니다. 그러므로 이 해석도 어느 정도 타당성이 있다고 하겠습니다. 두 번째는 복수형을 '장엄형 어미'로 해석하는 것입니다. 고대에서부터 어떤 존재에게 복수형을 붙임으로써 그 존재가 위대하고 강한 존재임을 드러냈다고 합니다. 그러므로 구약성경이 하나님을 '복수형'으로 부르는 것은 하나님께서 얼마나 크고 위대한 분인가를 드러내기 위한 것이라는 주장입니다.

구약의 이름: 여호와야훼

세상을 창조하신 하나님의 이름 '엘'과 함께 구약에서 꼭 기억해야 할 이름이 있는데, 그것은 '여호와 혹은 야훼'라고 부르는 하나님의 고유한 이름입니다. 이 '여호와'라는 이름은 성경학자들에게 신비에 싸인 이름입니다. '여호와'Jehovah라는 이름이 어떤 의미인지 해석하기는 매우 어렵습니다. 물론 반대 주장도 있지만, 보수적인 많은 학자들은 이 이름이 '존재하다'라는 히브리어인 '하야'hyh에서 파생했을 것이라고 추측합니다.

조금 더 분명한 의미를 생각해 보기 위해서, 구약성경에서 '여호와' 하나님의 이름을 처음으로 언급하는 출 3:14-15절의 문맥을 살펴볼 필요가 있습니다. "하나님께서 모세에게 이르시되 나는 스스로 있는 자이니라 또 이르시되 너는 이스라엘 자손에게 이같이 이르기를 스스로 있는 자가 나를 너희에게 보내셨다 하라 하나님이 또 모세에게 이르시되 너는 이스라엘 자손에게 이같이 이르기를 너희 조상의 하나님 여호와 곧 아브라함의 하나님, 이삭의 하나님, 야곱의 하나님께서 나를 너희에게 보내셨다 하라 이는 나의 영원한 이름이요 대대로 기억할 나의 칭호니라." 이 본문에서 하나님은 자신의 이름을 여호와로 나타내십니다. 본문을 살펴보면 이 이름은 크게 두 가지 의미를 가지고 있다는 것을 알 수 있습니다.

먼저 살펴볼 것은 14절에 있는 '나는 스스로 있는 자'라는 말씀입니다. 영어로 'I am who I am'_{나는 나다} 혹은 'I will be what I will be' 나는 내가 되고자 하는 존재가 될 것이다라고 해석되는 말씀은 앞에서 살펴본 바와 같이 하나님의 존재를 가리키는 것으로 보입니다. 그분은 스스로 존재하는 분이십니다. 이 이름은 하나님만이 세상에서 '유일하고 참되신 존재'임을 가르쳐주는 것이라고 이해할 수 있습니다. 모든 피조물은 순간적이며 찰나적입니다. 그러나 하나님만이 참으로 존재하시고 영원하시다는 의미에서 '여호와'라는 이름을 말씀하신 것이 아니겠느냐고 해석합니다.

'존재하시는 분'이라는 이름이 무슨 의미인지를 더 정확하게 알려면 그다음 구절인 15절을 봐야 합니다. 15절에서는 존재하신다는 말씀이 어떤 의미가 있는지를 알려줍니다. 하나님은 자신을 '너희 조상의 하나님 여호와, 곧 아브라함의 하나님, 이삭의 하나님'이라고 말씀하십니다. 하나님은 모세에게 자신이 이스라엘의 조상인 아브라함과 이삭과 야곱의 하나님이라고 말씀하십니다. 다시 말하면 '아브라함과 이삭과 야곱'에게 언약을 주신 하나님께서 그 언약을 그들의 자손인 이스라엘에게 행하려고 오셨다는 것입니다. 오백 년 전에 언약하신 내용을 '잊거나 변개하지 않으시고' 이행하기 위해서 오신 것입니다. 이런 면에서 '존재하시는 분'이라는 의미를 가진 여호와는 '변하지 않고 언약을 지키시는 언약의 하나님'이라는 의미로 발전됩니다.

이스라엘은 애굽 땅에서 사백 년 동안 종살이를 하면서 하나님께서 그들의 조상 아브라함에게 주신 언약을 잊었을 것입니다. 혹 언약을 잊지 않았을지라도, 하나님이 오신다는 기대를 더는 하지 않았을 것입니다. 그러나 사람은 변하고 언약을 잊을지라도, 하나님은 변하지 않으시며 아브라함과의 언약을 잊지 않으십니다. '언약의 하나님'이라는 개념은 구약성경 전체를 관통합니다. 마침내 하나님은 아브라함의 자손을 별과 같이 많게 하여 가나안 땅을 주시겠다는 약속을 이루십니다.

신약의 이름: 주퀴리오스

신약성경에서 하나님의 호칭 중 하나는 "퀴리오스"입니다. 일반적으로 "주Lord 또는 주인Master"으로 번역되는 이 단어는 구약에서 하나님의 이름으로 사용된 히브리어 "아도나이"를 헬라어로 번역한 단어입니다. "이 모든 일이 된 것은 주께서 선지자로 하신 말씀을 이루려 하심이니"마 1:22 예수님께서도 하나님을 "주 너의 하나님"마 4:10으로 호칭하셨습니다. "주"퀴리오스라는 이름은 하나님을 법적인 권세와 권위를 가지신 전능자와 주님, 소유자, 통치자로서 묘사하는 표현입니다. 놀라운 것은 이 이름이 하나님에 대해서뿐만 아니라, 그리스도에 대해서도 쓰였다는 것입니다. 신약 전반에 "퀴리오스"라는 호칭은 거의 대부분 예수 그리스도께 적용되어 그분의 신적 속성과 신분을 나타내는 독특한 호칭으로 사용되었습니다.

"시몬 베드로가 대답하여 이르되 주는 그리스도이시요 살아계신 하나님의 아들이다."마 16:16

"곧 영원부터 우리 주 그리스도 예수 안에서 예정하신 뜻대로 하신 것이라."엡 3:11

신약의 이름: 아버지파테르

하나님께서 우리에게 알려주신 이름 중에서 가장 놀라운 이름은 '아버지'입니다. 예수 그리스도께서는 그분의 백성들에게 하나님을 '아버지'라고 부르라고 하십니다. '아버지'라는 칭호야말로 하나님이 우리에게 어떠한 분이신지를 가장 잘 보여줍니다. 그것은 예수님의 교훈에 잘 나타나 있습니다.

> "이는 다 이방인들이 구하는 것이라 너희 하늘 아버지께서 이 모든 것이 너희에게 있어야 할 줄을 아시느니라 그런즉 너희는 먼저 그의 나라와 그의 의를 구하라 그리하면 이 모든 것을 너희에게 더하시리라." 마 6:32-33

이 말씀은 하나님께서 우리를 아버지와 같이 사랑하고 돌보며 인도하시는 분이심을 보여줍니다. 세상에 있는 사랑과 희생 관계 중에서 가장 강하고 극적인 것이 바로 부모와 자녀의 관계일 것입니다. 부모는 자녀를 낳을 뿐만 아니라 자녀를 위해서 가장 좋은 것을 주며, 그를 가치 있는 자로 키우기 위해서 모든 것을 제공합니다. 이뿐만 아니라 자녀는 부모의 모든 것이라고 생각합니다. 부모의 모든 영광과 자랑이 자녀에게 있으며, 훌륭한 자녀를 둔 부모야말로 세상에서 가장 행복하고 자랑스러울 것입니다.

하나님의 속성

속성이란 무엇인가?

하나님은 어떤 성품을 가지고 계십니다. 왜냐하면 그분은 인격적인 하나님이시기 때문입니다. 물론 사람이 하나님에 대해서 칭하는 말이기에 인격적이라는 용어 자체도 하나님을 표현하기에 정확하지 않을 수 있습니다. 하지만 하나님은 성경에서 그분이 우리와 공감할 수 있는 어떤 성품들을 가지고 계시다는 것을 분명하게 말씀하셨습니다. 그분은 의로우시며 긍휼이 많으시고 자비로우신 하나님이시라고 합니다. 때로는 진노하신다고 하시고 심지어 후회하신다는 말씀도 하십니다. 물론 이 말씀이 하나님께 적용될 때에는 사람의 성품과는 다를 것입니다. 그분은 물론 사람이 갖고 있는 성품도 가지고 계시지만, 사람에게는 없는 것도 가지고 계십니다. 그분은 무한하시며 어디에나 계시고 영원하십니다. 이러한 성품들을 우리는 하나님의 속성의 단순성이라 표현합니다. 즉, 나누어지지 않는다는 것을 의미합니다. 그럼에도 하나님이 그러한 분이라고 성경이 말하기 때문에, 우리는 믿음으로 받아들입니다. 또한 하나님께서 행하시는 모든 사역은 하나님의 성품을 전제하지 않고는 말할 수 없는 것입니다. 하나님의 성품은 신비하고, 사람과 다른 것이지만, 우리는 어느 정도 이해할 수 있습니다. 그것은 사람에게 '하나님의 형상'이 있기 때문에, 하나님과 사람은 교제할 수 있으며, 사람이 하나님을 어느 정도 이해할 수 있는 것입니다.

하나님의 성품을 '성품'이라고 부르지 않고 '속성'이라고 부르는 이유가 있습니다. 왜 이러한 표현을 하는가 하면, 하나님께서는 완전한 존재이시기 때문입니다. 하나님의 속성이란 '그것이 없으면 하나님이실 수가 없는 성품'을 말합니다. 예를 들면, 사람의 성품은 변하기도 하고 혹은 가졌다가 잃어버릴 수도 있고, 없던 성품이 생길 수도 있습니다. 긍휼이 많은 사람이 어떤 사건을 겪고 나서 긍휼이 없는 냉정한 사람이 되었다고 해서, 그 사람을 그 사람이 아니라고 말하지는 않습니다. 그러나 하나님께서는 다릅니다. 그분은 완전하신 분이기 때문에, 사랑이 없는 하나님은 이미 하나님이 아니시며, 의롭지 않은 하나님은 하나님이 아닙니다. 하나님께 있는 성품은 없어지거나 영원히 변할 수 없습니다. 그것은 사라지지 않고 반드시 있어야 합니다. 하나님은 하나님의 고유한 속성을 가지고 계시며, 그것은 영원히 변하지 않으십니다. 그런 의미에서 하나님께 있는 성품을 신학자들은 '속성'이라고 부릅니다.

자, 그러면 이러한 하나님의 속성에는 어떤 것들이 있을까요? 하나님께 있는 속성은 참으로 복합적이고 다양합니다. 또한 하나님의 속성에는 사람이 이해할 수 있는 것도 있지만, 이해할 수 없거나 알 수 없는 것도 있습니다. 그래서 일반적으로 신학자들은 하나님의 속성을 여러 가지로 나누어서 생각했는데, 전통적인 교회들이 쓰는 방식은 하나님의 속성을 '공유적 속성'과 '비공유적 속성'으로 나누는 것입니다. 공유적 속성은 하나님과 사람 사이에서 함께 공유되는 속성입니다. 물론 이것도 사람은 유한하나 하나님은 무한하고 영원하신 분이기에 동일하다고 할 수 없습니다. 그럼에도 불구하고 어느 정도 이해가 가능하다는 것입니다. 이에 비해서 비공유적 속성은 하나님께만 있는 것입니다.

공유적 속성

'공유적 속성'이란 하나님께도 있고, 사람에게도 있을 수 있는 속성입니다. 이를테면 '사랑, 지혜, 능력, 거룩, 공의, 자비, 용서, 긍휼, 선함, 진실함' 등과 같은 것입니다. 그래서 이런 속성들을 공유적共有的 속성이라고 부릅니다. 그러나 하나님께서는 다른 어느 존재보다도 이러한 속성들을 양적으로 훨씬 더 많이 소유하고 계시며, 질적으로도 훨씬 고상하게 소유하고 계십니다. 더 나아가 하나님께서는 이 모든 것의 근원이십니다. 다만 인간은 지혜롭고 능력 있으며, 거룩하고 공의롭고 인자하고 진실한 존재로서 창조함을 받았으나 하나님의 도움 없이 존재할 수 없으며, 지혜도 한계가 있고, 능력도 한정되어 있으며, 거룩함도 진실함도 모두 한계가 있습니다.

비공유적 속성

'비공유적 속성'이란, 하나님만 가지고 계신 속성이며, 인간과 천사는 가지지 못한 속성입니다. 다음의 네 가지가 하나님의 비공유非共有적 속성을 대표합니다.

첫째, 하나님의 자존성입니다. 출 3:14절에서는 "나는 스스로 있는 자이니라"라고 했습니다. 이 말씀에 따라 하나님의 자존성은 무언가에 의해 하나님의 존재가 영향을 받거나 결정되지 않고 홀로 스스로 계시는 것을 말합니다. 모든 피조물은 하나님께 의존하며 하나님을 필요로 하지만 하나님은 누구의 도움을 필요로 하지 않습니다.

둘째, 하나님의 불변성입니다. 시 102:26-27절에서는 "천지는 없어지려니와 주는 영존하시겠고 그것들은 다 옷같이 낡으리니 의복같이 바꾸시면 바뀌려니와 주는 한결같으시고 주의 연대는 무궁하리다"라고 했습니다. 이로 보건대 불변성은 영원히 동일하심을 의미합니다. 하나님의 존재와 목적하심과 완전하심 등이 변하지 않음을 말합니다. 더욱이 스스로 약속을 변개하지 않으십니다.

"그는 변함도 없으시고 회전하는 그림자도 없으시니라." 약 1:17

이 얼마나 큰 은혜입니까?

셋째, 하나님의 무한성입니다. 시 145:3절에서는 "여호와는 위대하시니 크게 찬양할 것이라 그의 위대하심을 측량하지 못하리로다"라고 했습니다. 이 말씀처럼 하나님의 위대하심은 한계가 없어 측량하지 못합니다. 시간에서도 초월해 계시며 장소와 관련해서도 아니 계신 곳이 없는 분입니다. 사람은 유한한 존재라 시간과 공간에 제한을 받지만, 하나님은 시간과 공간을 초월하여 존재하십니다.

　넷째, 하나님의 단순성입니다. 우리가 하나님의 단순성을 말할 때, 하나님은 혼성混成된 분이 아니라는 점과, 어떠한 의미에서도 분할할 수 없는 분이라는 것을 강조합니다. 곧 하나님께서는 영과 육으로 형성된 것처럼 여러 부분의 성질로 이루어지신 분이 아니시므로, 나뉘지 않으시는 분임을 의미합니다. 그렇다고 삼위란 하나님의 본체가 여러 부분의 본질로 구성된 것이라는 말이 아닙니다. 하나님의 완전한 존재는 각 위位에 종속됩니다. 그러므로 하나님과 그의 속성이 하나요, 하나님은 생명이시며, 빛이시며, 사랑이시며, 의로우시며, 진리라고 할 수 있습니다.

삼위일체 하나님

하나님은 한 분이십니다

　신구약성경을 통하여 성경이 선언하는 것은 참된 하나님은 한 분이시라는 것입니다.

"이스라엘의 구속자인 만군의 여호와가 말하노라 나는 처음이요 마지막이라 나 외에 다른 신이 없느니라." 사 44:6

　세상을 창조하시고, 통치하시는 절대자는 오직 하나님 한 분뿐입니다. 여기서 한 가지 문제를 해결해야겠습니다. 세상에서 신이라 불리는 수많은 존재와 우상은 도대체 무엇이며, 어디에서 온 것일까요?

　고린도 전서 8장에서는 우상 제물에 대하여 논쟁하고 있는 고린도 교회에게 주시는 사도바울의 대답이 기록되어 있습니다. 당시 고린도 교회에서는 로마의 신전에 제사를 드리고 나서 시중에 팔리는 제물용 고기를 성도가 먹어도 되는지에 대한 논쟁이 있었습니다. 왜냐하면 제물용 고기를 먹는다는 것은 그가 섬기는 우상을 인정하는 행위로 보였기 때문입니다. 그래서 고린도 교회는 고기를 먹어도 된다는 성도와 먹으면 안 된다는 성도로 의견이 나뉘었습니다. 사도바울은 이 문제에 대해 대답하면서 우상 자체가 참된 신이 아니라고 말합니다.

"우리가 우상은 세상에 아무것도 아니며 또한 하나님은 한 분밖에 없는 줄 아노라." 고전 8:4

그렇다면 사람들은 왜 신을 만들어 섬기는 것일까요? 여기에 대해서 로마서가 대답을 해주고 있습니다.

"창세로부터 그의 보이지 아니하는 것들 곧 그의 영원하신 능력과 신성이 그가 만드신 만물에 분명히 보여 알려졌나니 그러므로 그들이 핑계하지 못할지니라 하나님을 알되 하나님으로 영화롭게도 아니하며 감사치도 아니하고 … 썩어지지 아니하는 하나님의 영광을 썩어질 사람과 새와 짐승과 기어다니는 동물 모양의 우상으로 바꾸었느니라." 롬 1:20-23

하나님은 창조주와 통치자로서 세상에 자신의 영광을 나타내 보이셨습니다. 그러나 타락한 인류는 하나님의 영광을 가지고 하나님을 찾아 섬기기보다는 타락으로 인한 자신의 부패와 욕심을 따라 신들을 만들어냅니다. 그것이 바로 우상입니다. 가장 구체적인 우상의 예시가 그리스의 신들입니다. 지혜를 갈구하는 자들은 지혜를 담당하는 우상신 아테네를 만들어내고, 힘을 갈구하는 자들은 힘과 권력을 상징하는 우상신 제우스를 만들어냅니다. 그 신들은 각각 사람들의 욕심과 갈망을 반영합니다. 결국 거룩한 하나님에 대한 지식을 가지고 자기 욕심에 맞는 신을 만들어내는 것입니다. 그러므로 그 어디에도 다른 신은 없으며, 오직 성경이 계시한 한 분 하나님만 계실 뿐입니다.

한 분이신 하나님은 동시에 삼위로 계십니다

한 분 하나님은 삼위 하나님, 바로 성부, 성자, 성령 하나님이십니다. 이 교리는 사람의 이성으로는 이해할 수 없습니다. 한 분이시나, 동시에 삼위로 계신다는 것은 사람의 논리로는 불가능합니다. 그래서 삼위일체 하나님을 설명할 때, 세상의 그 어떤 것을 통하여서도 비유를 들어서는 안 됩니다. 이 진리는 사람이 만들어낸 교리가 아니라, 성경이 말하는 내용을 그대로 믿어서 나온 결과입니다. 바로 한 분 하나님께 독생자와 성령이 계신다는 것입니다. 성경 곳곳에 이것에 대한 증거 구절이 있습니다.

요한복음 1장에서는 하나님과 함께 계신 말씀에 대해서 언급하고 있습니다. 말씀은 하나님과 함께 계시면서 이 세상을 창조하셨다고 합니다요 1:3. 그리고 이 말씀이 곧 하나님이시며요 1:1, 이 말씀이 육신이 되어 우리 가운데 오셨는데, 아버지의 독생자의 영광이라고 말합니다요 1:14. 요약하면 말씀은 하나님이시며, 영원부터 아버지 하나님 품속에 계시던 독생하신 하나님입니다요 1:18. 그래서 우리는 말씀이시며 독생하신 하나님을 아버지 하나님께서 나셨다는 의미로 성자 하나님이라고 부릅니다. 이 성자 하나님은 특별히 우리와 같은 사람이 되셔서 우리의 구속 사역을 감당하셨고, 부활하여 승천하사 지금 보좌 우편에서 세상을 통치하시며, 교회의 머리가 되어 교회를 충만케 하시는 사역을 하고 계십니다.

때가 차면 이분은 다시 교회의 구원자와 세상의 심판자로 오실 것입니다. 이분은 그리스도이신 예수이십니다.

또한 성경은 성령, 즉 하나님의 영에 대해서 말하고 있습니다 사 63:10-11. 하지만 가만히 생각해 보면 이것은 모순되는 표현입니다. 왜냐하면 하나님 자신이 영이신데, 그분의 영이 따로 있는 것처럼 말하고 있기 때문입니다. 그러므로 이분은 하나님과 구별되는 또 다른 영이신 하나님입니다. 하나님의 영, 주의 성령 혹은 예수의 영 등은 성령 하나님을 의미하는 것입니다. 성령 하나님에 대해서는 이미 창세기 1:2에서부터 기록되어 있습니다. 성경은 성령 하나님을 영 루아흐, 프뉴마이라고 기록하고 있습니다. 왜냐하면 그분은 성부, 성자 하나님으로부터 숨이 나오는 것처럼 나오신 분이기 때문입니다. 성령 하나님께서는 특별히 '거룩한'이라는 표현이 붙어 있습니다. '거룩한 영'은 그분이 하시는 사역을 보여주는 표현입니다. 즉, 성령 하나님은 성도와 교회의 구원을 이루시고, 그들을 거룩하게 하시는 사역을 하십니다. 성령께서는 성도들과 함께하시며 고전 3:16, 그들을 진리 가운데로 인도하신다고 합니다 요 16:13.

여기서 한 가지를 더 생각해야 합니다. 성경은 성부께서 성자로 말미암아 세상을 창조하셨다고 말합니다 요 1:3. 사람이 되어 고난을 받고 부활하신 분은 성자 하나님이시나, 성경은 그 모든 구원의 복을 아버지 하나님이 주셨다고 말합니다 엡 1:3-14. 이는 한 분 하나님께서 창조와 성도의 구원과 거룩을 이루시는 분임을 보여줍니다. 그러므로 모든 하나님의 사역, 즉 창조, 구속, 성화의 모든 사역에서 삼위 하나님께서 영광을 받으셔야 합니다. 이러한 삼위일체 하나님의 외부로의 사역, 즉 피조물인 우리와 이 세상을 통치하시는 섭리의 역사에 있어서는 나누어지지 않는다는 것입니다. 즉, 한 위격이 대표성을 띠고 있지만 한 위격에만 제한된 역사는 아닙니다.

한 분 하나님, 삼위 하나님

성경은 하나님에 대해서 두 가지를 말합니다. 즉, 한 분 하나님이시며, 동시에 삼위 하나님이시라는 것입니다. 이것은 사람의 논리에는 모순된 것이지만, 하나님께는 모순되지 않습니다. 하나님은 사람의 논리를 넘는 무한하신 분이기 때문입니다. 유한한 인간이 무한하신 하나님을 이해할 수 없습니다.

삼위 하나님께서 세상을 창조하시고 우리를 구원하시고 교회를 신령한 은총으로 충만케 하십니다. 그러므로 동일한 한 분이신 삼위 하나님께서 모든 찬양과 경배를 받으셔야 합니다. 혹시나 성부 하나님은 참 하나님이시고 찬양 받으셔야 하는 하나님이시지만 성자 하나님이나 성령 하나님은 더 낮은 분이라고 생각하는 것은 옳지 못합니다. 은사를 강조하는 어떤 분들은 성령 하나님을 마치 어떤 능력이나 권세의 원천쯤으로 생각하여 함부로 그 이름을 부릅니다. 그러나 이것은 하나님을 합당하게 경외하지 않는 태도입니다.

또한 삼위 하나님께서 성도의 구원을 이루십니다. 성도의 구원은 실패할 수 없습니다. 왜냐하면 예수 그리스도의 은혜와 하나님의 사랑과 성령의 교통하심이 함께하시기 때문입니다고후 13:13. 성부 하나님께서 사랑하신 자를 위하여 성자 하나님이신 예수께서 죽으셨고, 성령이 함께 하십니다. 삼위 하나님께서는 성도의 구원의 시작과 끝, 어디에도 개입하시지 않는 지점은 없으며 끝까지 구원을 완성하십니다. 성경은 성도가 이 확신 위에서 삶을 살아가며 하나님을 찬양할 것을 권합니다.

"이는 만물이 주에게서 나오고 주로 말미암고 주에게로 돌아감이라 그에게 영광이 세세에 있을지어다 아멘."롬 11:36

삼위일체를 이해하고자 할 때 잘못된 이해는 성경 전체를 오해하게 만들고 하나님을 오해하게 만듭니다. 특히 양태론과 종속론이 그렇습니다. 양태론은 모양이 바뀐다는 것을 주장합니다. 즉, 하나님은 한 분이신데 구약에는 성부로 나타나시고 신약에는 성자로 나타나시고 지금은 성령으로 나타나신다는 것입니다. 예를 들면 집에서는 아버지, 직장에서는 부장님, 교회에서는 집사님과 같이 한 사람이 상황에 따라 달리 불린다는 것입니다.

종속론은 성부가 성자를 낳으셨다는 것을 시간적인 순서로 이해해서 성부가 성자를 낳기 전까지 성자는 없었던 때가 있었다는 것입니다. 그래서 성자는 성부보다 낮으시다는 것이고 성부에게 종속되시고 창조되어진 하나님이라고 표현합니다. 이러한 양태론과 종속론은 삼위일체 하나님의 동일본질을 파괴하는 사상들입니다. 우리가 배격해야 하는 것입니다.

🐟 하나님의 선택

하나님께서 선택하심

교리 문답이 말하는 교회의 정의에서 눈에 띄는 것은 하나님께서 교회를 택하시고, 부르셨다는 것입니다. 여기에서 우리는 성경이 말하는 예정론을 접하게 됩니다. 예정론은 하나님께서 창세 이전에 인류 가운데서 자신의 백성을 선택하시고, 나머지는 내버려 두셨다는 교리입니다. 이 교리는 교회사에서 큰 논쟁을 겪어왔습니다. 왜냐하면 하나님께서 항상 모든 것을 정하셨다면, 사람의 자유 의지가 무슨 소용이 있느냐는 질문이 제기되어 왔기 때문입니다. 그러나 개혁 교회는 이 예정론 교리를 포기하지 않고 교회가 지켜야 하는 중요한 교리로 이해해 왔습니다.

그러면 성경에서 말하는 하나님의 예정의 중요한 내용이 무엇인지를 살펴보겠습니다. 성경 본문 두 곳을 차근차근 살펴보겠습니다. 첫 번째는 로마서 9:10-18절을 읽어보겠습니다.

여기서 사도바울 선생님이 말씀하시려는 내용이 무엇일까요? 초대교회 당시 교회가 가지고 있었던 신학적 질문이 하나 있었습니다. 구약에서부터 하나님을 섬겨온 이스라엘 백성들이 하나님의 아들을 거절하고 십자가에 매달았는데, 그렇다면 아브라함에게 주신 언약, 즉 "내가 내 언약을 나와 너 및 네 대대 후손 사이에 세워서 영원한 언약을 삼고 너와 네 후손의 하나님이 되리라"창 17:7는 언약이 깨진 것이냐 하는 것입니다. 이에 대해서 사도바울 선생님은 다음과 같이 대답하십니다. "하나님의 말씀이 폐하여진 것 같지 않도다 이스라엘에게서 난 그들이 다 이스라엘이 아니요 … 오직 약속의 자녀가 씨로 여기심을 받느니라."롬 9:6, 8 여기서 사도바울은 하나님의 약속이 폐하여지지 않았다고 말합니다. 왜냐하면 하나님이 말씀하신 아브라함의 후손은 육체에 따른 후손이 아니라 하나님의 선택을 입은 자를 의미하기 때문입니다. 그래서 이스마엘이 아닌 이삭, 에서가 아닌 야곱이 하나님의 백성으로 세움을 받았다고 합니다. 하나님의 백성이 된다는 것은 혈통이나 자격, 즉 사람이 만들어 내는 어떤 됨됨이나 능력에 달린 것이 아니라 하나님의 은혜로운 선택에 따라서 이루어진다는 것입니다.

여기에 대해서 사도바울은 다음과 같이 말합니다.

"그 자식들이 아직 나지도 아니하고 무슨 선이나 악을 행하지 아니한 때에 택하심을 따라 되는 하나님의 뜻이 행위로 말미암지 않고 오직 부르시는 이로 말미암아 서게 하려 하사 … 그런즉 원하는 자로 말미암음도 아니요 달음박질하는 자로 말미암음도 아니요 오직 긍휼히 여기시는 하나님으로 말미암음이니라."롬 9:11, 16

이것이 예정론의 중요한 첫 번째 내용입니다. 하나님의 백성이 선택받은 이유는 그가 가진 어떤 것이나 행한 어떤 행위에서 나온 것이 아니라, 오직 하나님의 긍휼 때문이라는 것입니다. 우리가 아직 무엇을 하기도 전에, 태어나기도 전에 하나님께서 택하셨기 때문입니다. 그것은 오직 하나님의 사랑으로 말미암은 것이기에 누구도 자랑할 수 없습니다. "누가 주께 먼저 드려서 갚으심을 받겠습니까?"롬 11:35 예정론은 하나님의 주권적인 은혜를 보여줍니다.

그리스도 안에서 선택하심

두 번째로 살펴볼 본문은 에베소서 1장입니다. 에베소서의 중요한 교리는 교회론입니다. 교회론으로 가기 전에 사도바울은 교회의 찬양에 대하여 선포하고 있습니다. '교회가 신령한 은혜를 받았으니 성도들아 함께 찬양하자'라고 시작합니다. 그 내용을 무려 1장 전체를 걸쳐 설명하고 있습니다. 하나님은 그리스도 안에서 교회를 선택하시고4절, 그리스도를 통하여 자녀가 되게 하시며5절, 그리스도 안에서 죄 사함을 받았습니다7절. 그리스도 안에서 만물이 통일되며10절, 그리스도 안에서 우리가 영광의 찬송이 됩니다12절. 그리스도는 교회의 머리이시며, 교회는 그리스도의 충만입니다22-23절. 하나님의 은혜는 그리스도 안에서 충만해집니다.

은혜의 시작은 바로 하나님께서 그리스도 안에서 우리를 택하신 것입니다엡 1:4. 이것은 곧 하나님께서 모든 은혜를 그리스도 안에서 주시기로 작정하신 것을 의미합니다. 성도는 자신을 위하여 죽으시고 부활하신 그리스도를 볼 때 하나님께서 자신을 택하셨다는 사실에 그분의 사랑을 더욱 확신할 수 있습니다. 하나님께서 모든 보화이신 그리스도를 주셨다는 것만큼, 하나님의 선택에 대한 큰 증거가 없습니다. 이미 예수 그리스도를 믿어, 그와 연합되어 있는 성도들은 모두 하나님의 선택을 확신하고 찬양함이 마땅합니다. 그러므로 교회 안에서 특정 성도가 선택받았는지의 여부를 놓고 논쟁하는 것은 옳지 못합니다. 그리스도를 주로 고백하는 모든 성도들은 선택되었다고 확신하는 것이 옳습니다. 또한 교회는 하나님의 사랑과 선택을 확신하기 위하여 특별한 증거를 찾을 필요는 없습니다. 교회를 위해서 죽으신 그리스도를 바라보면 됩니다. 그리스도 외에 다른 증거를 찾는 것은 독생자를 내어주신 하나님을 섭섭하게 해드리는 일이 될 것입니다.

선택하신 자들을 부르신 하나님

하나님은 자기 백성들을 선택하시고, 선택하신 그들을 부르십니다. 하나님의 선택과 부르심은 연결되는 내용입니다. 다시 말하면 하나님께서 부르신 자들은 그분이 그리스도 안에서 선택하신 자들입니다. 이것은 그분의 부르심이 은혜 위에 서 있다는 것을 보여줍니다. 사도바울 선생님은 다음과 같이 말씀하십니다.

"형제들아 너희를 부르심을 보라 … 하나님께서 세상의 미련한 것들을 택하사 지혜 있는 자들을 부끄럽게 하려 하시고 세상의 약한 것들을 택하사 강한 것들을 부끄럽게 하려 하시며 하나님께서 세상의 천한 것들과 멸시받는 것들과 없는 것들을 택하사 있는 것들을 폐하려

하시나니 이는 아무 육체도 하나님 앞에서 자랑하지 못하게 하려 하심이라." 고전 1:26-29

하나님의 부르심은 우리의 자격이나 혈통에 기반을 둔 것이 아니라 오직 하나님의 선택, 그분의 사랑에 근거한 것입니다.

성도의 교제로 부르심

교리 문답은 하나님께서 성도를 부르시고 교회, 즉 성도의 교제를 이루게 하신다고 가르칩니다. 성도의 교제는 중요한 성경적 교리에 근거합니다. 즉, 그리스도와 연합 *unio cum Christo* 입니다. 성도는 그리스도와 연합함으로 그분의 은사에 들어가게 되는데, 그리스도와 연합한 성도들은 그리스도로 말미암아 서로 연합하게 됩니다. 이것은 마치 나무줄기가 있고, 그 나무줄기에서부터 수많은 가지가 나오는 것과 같습니다. 가지는 각자의 방향으로 뻗어나갔지만 가지들은 모두 하나입니다. 한 나무줄기에서 나왔기 때문입니다. 성도들도 마찬가지입니다. 그리스도로 말미암아 모든 성도들이 신령한 연합을 이루게 되며, 모든 성도들이 동일한 생명과 은사 가운데 있습니다. 이것은 하나의 실천적 교훈을 줍니다.

바울 선생님은 은사로 인해서 성도들 사이에서 자랑을 일삼는 고린도교회에 다음과 같이 권합니다.

"몸 가운데서 분쟁이 없고 오직 여러 지체가 서로 같이 돌보게 하셨느니라 만일 한 지체가 고통을 받으면 모든 지체가 함께 고통을 받고 한 지체가 영광을 얻으면 모든 지체가 함께 즐거워하느니라 너희는 그리스도의 몸이요 지체의 각 부분이라." 고전 12:25-27

여기서 사도바울은 '여러 지체가 서로 같이하여 돌아보게 하셨다'고 말합니다. 하나님께서 각 성도들에게 직분과 은사를 주시는 것은 자신을 위한 것이 아니라, 전체 교회 성도들을 위한 것이라는 사실입니다. 성도가 직분을 받게 되면 그것으로 인하여 전체 교회가 유익을 얻어야 한다는 것입니다. 목사가 공부를 많이 한 것이 자랑이 되어서는 안 되고, 목사로 인하여 성도들이 풍성한 말씀을 누려야 하는 것입니다.

"이는 성도를 온전하게 하여 봉사의 일을 하게 하며 그리스도의 몸을 세우려 하심이라." 엡 4:12

교회의 고백과 찬양

고백과 찬양 ③

사람에 대하여

사람에 대하여

"하나님이 이르시되 우리의 형상을 따라 우리의 모양대로 우리가 사람을 만들고 그들로 바다의 물고기와 하늘의 새와 가축과 온 땅과 땅에 기는 모든 것을 다스리게 하자 하시고 하나님이 자기 형상 곧 하나님의 형상대로 사람을 창조하시되 남자와 여자를 창조하시고" 창 1:26-27

성경의 지식은 크게 세 종류로 나눌 수 있습니다. '하나님은 누구이신가?', '사람은 어떠한 존재인가?', '사람은 어떻게 구원을 받는가?'입니다. 지금까지 우리는 '하나님은 누구이신가?'에 관한 부분을 살펴보았습니다. 이제부터는 '사람은 어떠한 존재인가?'에 대해 살피고자 합니다. 이 내용은 주로 창세기 1-3장에 기록되어 있습니다.

피조물인 사람

사람에 대한 철학과 과학의 대답

사람이 어디에서 왔는가는 인류의 큰 물음이었습니다. 고대의 철학과 종교는 이 문제를 해결하기 위한 것이 대부분이었습니다. 그럼에도 불구하고 철학과 종교가 한 대답은 대단히 신화적이거나 피상적이었습니다. 최근의 대답은 진화론과 실존주의로 귀결될 수 있습니다. 진화론은 우연히 발생한 유기물이 오랜 시간 동안 진화하여 현재의 인류까지 발전되어 왔다는 것입니다. 현대에 가장 힘을 얻고 있는 주장이지만, 과연 무기물이 어떤 우연으로 유기물이 될 수 있었는가에 대해서는 증거를 찾지 못했습니다. 과학자들은 외계에서 증거를 찾으려 하지만 아직 발견된 것은 없습니다.

또한 실존주의는 사람의 근원이라든가 목적에 대해서는 신비의 영역으로 두고자 합니다. 무신론적 실존주의자들에 따르면 어차피 사람은 자기 자신 안에서는 근원과 목적을 찾을 수 없습니다. 그렇기에 사람이 처한 현실에서 최선을 다하는 것이 인간의 가치를 드러내는 것이라고 주장합니다. 이 의견은 상당히 설득력이 있으나, 결정적인 약점이 있습니다. 예를 들어 학생이 시험 볼 준비를 하였으나 시험 범위와 전혀 다른 문제를 놓고 시험 준비를 하였다면, 그것이 인정을 받을 수 있을 것인가? 그렇지는 않을 것입니다. 시험을 보기 위해서는 정확한 시험 범위를 알아야 합니다. 세상에 창조자가 계신다면, 그분이 원하시는 것이 있을 것입니다. 그런데 그것과 전혀 상관없이 내 마음대로 살고 나서는 그분을 뵐 준비를 했다고 스스로 위로하는 것은 헛된 것이 될 수도 있습니다. 그런 면에서 실존주의는 우리의 창조주를 뵙는 데 별로 도움이 되지 못합니다. 성경은 우리가 뵈어야 할 창조주가 계시다고 합니다. 그리고 성경은 사람이 '하나님의 피조물'이라고 합니다. 사람들은 사람을 하나님의 창조물로 정의하는 것이 증거가 없다고 하지만, 무기물이 우연히 유기물이 되었다고 주장하는 것 역시 설득력은 없습니다. '무한에 가까운 불가능한 우연'보다는 '인격체로부터 인격체가 나왔다'고 하는 것이 훨씬 더 설득력이 있습니다.

사람에 대한 성경의 대답

성경은 전능한 인격자이신 하나님께서 세상과 인류를 창조하셨다고 말씀합니다. 성경은 하나님의 존재를 증명하려고 하지 않습니다. 선포할 뿐입니다창 1:1. 또한 성경이 증거하는 하나님의 창조 역사에는 질서가 있습니다. 그 순서로 볼 때, 배경 역할을 하는 피조물에서 주된 역할을 하는 피조물로 나아갑니다. 첫째 날에는 빛과 어둠, 둘째 날에는 궁창, 셋째 날에는 바다와 육지 그리고 식물들입니다. 넷째 날에는 해와 달, 다섯째 날에는 바다짐승들과 새들이며, 여섯째 날에는 뭍에 사는 짐승들과 사람을 만드셨습니다. 사람은 창조 순서에서 가장 마지막에 옵니다. 창조의 질서는 우리에게 두 가지 사실을 가르쳐줍니다.

첫 번째로, 사람은 피조물의 정점을 차지하는 존재라는 점입니다. 창조의 순서를 볼 때, 하나님은 사람이 거주할 환경을 먼저 만드시고, 그

다음에 사람을 만드셨다는 것을 알 수 있습니다. 더욱이 하늘과 땅, 해와 달과 별, 식물과 동물 등 다른 피조물의 창조는 아주 간략하게 보도되며, 천사들의 창조는 아예 언급조차 되지 않습니다. 그러나 사람의 창조에 이르러서는 사람의 창조 사실만이 아니라 그 창조의 방식까지도 상세하게 묘사되고 있습니다. 또한 2장에 가서 다시 그 주제로 돌아가 더욱 폭넓게 보도되고 있음을 봅니다. 이를 통해 알 수 있는 사실은 하나님께서 자신의 백성을 얼마나 사랑하시고 배려하시는가입니다. 사람은 피조물의 정점에 있는 존재이며, 하나님은 다른 어떤 존재보다 사람을 귀하게 여기십니다. 이에 대해 바빙크는 "사람이 창조 사역 전체의 목적이요, 목표요, 머리요, 면류관이라는 사실의 증거"가 된 것이라고 했습니다. 그렇다면 다른 피조물은 사람을 위해서 창조하셨다는 것이 됩니다. 실제로 성경은 하나님께서 모든 피조물을 사람에게 주셨으며, 사람을 피조물의 통치자로 세우셨다고 말합니다 창 1:26-28.

두 번째로, 그렇다고 해서 사람이 모든 피조물을 자기의 마음대로 남용할 수 있지는 않다는 점입니다. 사람이 6일 째 창조되었을 때, 다른 모든 피조물은 이미 만들어진 상태였고, 하나님께서는 그 피조물을 사람에게 선물로 주셨습니다. 어떤 피조물도 하나님이 창조하실 때 사람이 관여하거나 도움을 주지 않았습니다. 그렇다면 사람은 당연히 이 피조물을 은혜와 선물로 받아야 합니다. 은혜로 주신 선물을 자신의 것이라고 남용하며 학대한다면, 그것은 주신 분의 마음을 모르는 것이며, 자칫 하나님의 책망을 받을 것입니다. 피조물을 학대하며 사람과 자연이 대립하는 것은 죄의 결과물입니다. 오히려 피조물을 아끼며 번성하게 하는 것이 사람에게 본래 주어진 사명임을 잊지 말아야 합니다. 사람은 하나님께서 선물로 주신 피조물을 더욱 복되게 할 책임이 있습니다. 인간은 하나님께 순종해야 하는 존재이지 힐문하는 존재는 아닙니다.

⨳ 하나님의 형상에 대하여

성경이 사람의 창조를 말할 때, 두 가지 대조되는 내용을 말합니다. 이 내용은 사람이 복합적인 존재임을 가르쳐줍니다. 두 가지 대조되는 내용이란, 첫 번째로 하나님께서 사람을 '땅의 먼지로' 만드셨다는 것입니다. '아담'이라는 말은 본래 '땅', '흙'_{또는 붉은 것}이라는 의미입니다. 두 번째는 '하나님의 형상에 따라서' 창조하셨다는 것입니다.

땅의 물질로 지어진 사람

먼저 사람을 '땅의 먼지로' 만드셨다는 것_{창 2:7}은 사람의 본질적인 한계에 대해서 보여줍니다. 사람은 다른 피조물과 물질적으로 구별되는 존재가 아닙니다. 그는 신적인 본성으로 지어진 존재가 아니라, 이 땅의 물질로 지어졌습니다. 사람이 땅의 물질로 되었다고 하는 내용에서부터 유대인들과 학사들은 사람이 겸손해야 하는 이유를 추론해 냈습니다. 그것은 시편에서도 나타납니다. "이는 그가 우리의 체질을 아시며 우리가 단지 먼지뿐임을 기억하심이로다."_{시 103:14} 이 시편에서 '먼지로 되었다'는 것은 사람의 부패한 본성과 연약함을 드러내는 표현입니다. 사람이 먼지로 되었다는 것은 그의 연약함과 가변성을 보여줍니다. 사람은 본래 하나님의 은혜를 의지해야 하는 존재입니다. 하나님께서 생기를 불어넣어 주셨기에 살아가는 것입니다.

하나님의 형상으로 지어진 사람

두 번째로 풀어야 할 내용은 사람이 '하나님의 형상으로 창조되었다' 하는 것입니다. "하나님이 이르시되 우리의 형상을 따라 우리의 모양대로 우리가 사람을 만들고 그들로 바다의 물고기와 하늘의 새와 가축과 온 땅과 땅에 기는 모든 것을 다스리게 하자 하시고, 하나님이 자기 형상 곧 하나님의 형상대로 사람을 창조하시되 남자와 여자를 창조하시고"^{창 1:26, 27} 이 내용은 사람에 대한 가장 중요한 성경의 정의입니다. 성경은 하나님께서 '그분의 형상_{첼렘}과 모양_{데무트}'대로 사람을 만드셨다고 합니다. 여기서 '형상'과 '모양'은 각각 다른 두 가지가 아니라, 같은 의미를 담고 있는 두 단어라고 해석할 수 있습니다. 그렇다면 과연 '하나님의 형상'이 말하는 것은 무엇일까요? '하나님의 형상'이 분명하게 알려주는 것은 사람이 비록 땅에 속한 존재로 창조되었으나, 그에게 하나님의 어떤 성품과 모습이 나타날 수 있다는 것입니다. 그는 땅에 속했으나, 동시에 하나님의 모습을 반영할 수 있는 하늘에 속한 존재입니다. 이것이 사람을 다른 피조물과 구별하는 본질적인 차이입니다.

영적인 존재인 사람

하나님의 형상에 대해서 몇 가지를 생각할 수 있습니다. 첫째, 사람은 영적인 존재라는 것입니다. 성경은 하나님을 '영'이시라고 합니다. 우리가 하나님과 유사한 형상을 가졌다는 것은 그분과 같이 우리도 영적 존재임을 말합니다. 사람이 영적 존재라는 것은 중요한 특성을 가지는데, 바로 영이신 하나님과 교제할 수 있는 존재라는 것입니다. 사람의 고귀함이 여기에서 나옵니다. 사람 외에 어떤 존재도 하나님과 교제하며, 그분의 복을 받아 누리며 그분을 닮을 수 없습니다. 그것은 오직 사람만이 가진 특권입니다. 심지어 이 특권은 천사에게도 없습니다. 이 특권은 하나님께서 베푸시는 구원에서 더욱 분명하게 나타나는데, 출애굽한 이스라엘 백성들에게 하나님과 같이 거룩하게 되라는 사명이 주어집니다.

"너는 이스라엘 자손의 온 회중에게 말하여 이르라 너희는 거룩하라 이는 나 여호와 너희 하나님이 거룩함이니라."레 19:2 또한 신약의 교회는 그리스도의 장성한 분량에까지 성장하라는 권면을 받습니다.

"우리가 다 하나님의 아들을 믿는 것과 아는 일에 하나가 되어 온전한 사람을 이루어 그리스도의 장성한 분량이 충만한 데까지 이르리니, 이는 우리가 이제부터 어린 아이가 되지 아니하여 사람의 속임수와 간사한 유혹에 빠져 온갖 교훈의 풍조에 밀려 요동하지 않게 하려 함이라."엡 4:13, 14

이처럼 사람은 하나님의 형상을 닮은 영적인 존재이기에 하나님과 교제하며, 교제할 때마다 하나님을 닮게 됩니다. 사람은 하나님과 함께 살도록 지어진 존재입니다. 이것이 하나님의 형상이 가진 큰 특징이며 특권입니다.

하나님의 관계에서 원의를 가진 사람

하나님의 관계에서 '하나님의 형상'의 중요한 내용이 나오는데, 그것은 신학자들이 '원의'Original Righteousness, 原義라고 부르는 것입니다. 사람이 본래 가지고 있는 '의'를 말하는데, 이것은 '의와 진리의 거룩함'이며 엡 4:24 '참 지식'골 3:10을 말합니다. 사람은 하나님과 깊은 관계를 맺고 있으므로 모든 면에서 하나님의 계시를 이해할 수 있고, 하나님의 진리를 볼 수 있습니다. 또한 모든 면에서 의롭고 진리 안에 있으며 거룩했습니다. 하나님께서 의롭고 거룩하시기 때문에, 그분의 형상으로 된 사람도 의롭고 거룩한 것입니다. 하나님의 형상은 단순히 기능만을 말하는 것이 아닙니다. 이것은 오히려 '방향과 목적'입니다. 사람의 모든 생각과 행동의 방향과 목적이 '의와 진리의 거룩함'을 이루는 쪽으로 가는 것입니다. 하나님의 형상이 있을 때, 사람의 지식과 감정과 의지와 행동은 하나님의 지식과 의와 거룩을 드러내며, 사람을 사랑하는 방향으로 생각하고 행했습니다. 그러므로 사람이 타락했을 때 잃어버린 것이 '원의'이며, 이로 인해서 사람의 모든 생각과 행동은 방향을 잃어서 참 진리와 의와 거룩을 잃고 방황하는 존재가 되었습니다. 근본적으로 의와 거룩을 향한 방향을 잃고 마음대로 행하는 것이 죄입니다.

지, 정, 의를 가진 사람

둘째, 하나님의 형상은 사람이 가진 능력에서도 나타납니다. 그것은 사람이 지니고 있는 이성, 지식, 감정과 의지입니다. 이로써 사람에게는 동물과 구별되는 능력이 나타나는데, 상상하며 눈에 보이는 것에서부터 보이지 않는 것을 추리해 내고 선과 아름다움을 알고 느끼는 것입니다. 지식을 전수하고 집약하며 발전을 이루어냅니다. 사람은 문화와 문명이라는 것을 만들어내고 그것을 누릴 수 있는 존재입니다. 사람이 살고 있는 모든 세계가 인간이 만들어낸 문화와 문명을 누리고 있습니다. 이것은 하나님의 형상을 가진 사람에게만 있는 중요한 능력입니다. 여기서 '문화명령'을 잠시 생각해 보겠습니다.

하나님의 사역에 동참하는 사람

하나님은 사람이 타락하기 전에 '일' 혹은 '노동'을 임무로 허락하셨습니다. 성경은 다음과 같이 말합니다.

"하나님이 그들에게 복을 주시며 하나님이 그들에게 이르시되 생육
하고 번성하여 땅에 충만하라 땅을 정복하라 바다의 물고기와 하늘
의 새와 땅에 움직이는 모든 생물을 다스리라 하시니라."창 1:28

이 말씀은 하나님께서 백성들에게 땅에 충만하고 번성하며 다스리는
임무문화명령를 주셨음을 가르쳐줍니다. 이 명령은 사람이 타락하기 이전
뿐만 아니라, 타락한 이후에도 계속됩니다.

"하나님이 노아와 그 아들들에게 복을 주시며 그들에게 이르시되 생
육하고 번성하여 땅에 충만하라."창 9:1

하나님은 사람에게 생육하고 번성하여 땅에 충만하라고 명하십니다.
그리고 사람이 그 일을 이룰 수 있도록 더는 세상을 물로 심판하지 않고
보존하시겠다고 약속하십니다창 9:11. 사람은 평안히 '쉬고 놀기만' 하기
위해서 창조되지 않았습니다. 사람은 하나님이 일하시는 것처럼, 그분의
사역에 함께 동참하라는 사명을 받았습니다.

사람에게 주어진 창조사역

하나님께서 세상을 창조하신 것처럼, 사람 역시 하나님이 주신 터전
위에서 하나님께서 받으실 만한 내용들을 창조해야 합니다. 우리는 그
것을 보통 문화라고 합니다. 땅과 바다, 자연을 돌보며 거기에서 하나님
이 받으실 만한 것들을 이루어내는 것입니다. 음악, 미술, 건축 등 사람
이 보기에도 감탄할 만한 이 모든 내용들은 하나님께서 주신 은혜입니

다. 여기서 주의해야 할 것은 사람은 자연의 억압자이거나 파괴자가 아니라는 사실입니다. 사람에게는 하나님께서 주신 피조물을 잘 보존하고 사용해야 할 의무가 있습니다. 사람은 자연을 하나님의 뜻대로 돌보는 자들입니다. 그렇기에 자연은 하나님의 자녀들이 나타나서, 그분의 뜻대로 자신들을 돌보아줄 것을 원합니다 롬 8:19-22. 하나님의 백성들은 그분의 뜻대로 자연을 아끼며, 하나님께서 자연을 통하여 드러내고자 하셨던 아름다움과 고귀함을 드러내야 합니다.

인간의 육체에도 나타나는 하나님의 고귀한 형상

셋째, 하나님의 형상은 육체에서도 나타납니다. 하나님께서 사람 모양을 가지셨다는 것은 아닙니다. 하나님은 '영'이시기에 우리와 같은 물질이나 육체, 모양이 없으십니다. 그러나 하나님의 형상의 고귀함이 사람의 육체에도 나타난다는 것은 분명합니다. 사람이 동물과 달리 하늘을 바라볼 수 있다는 것, 모든 것을 만들어내는 손을 가지고 있다는 것 등은 하나님의 은사가 육체에도 있다는 것을 보여줍니다. 그렇기에 사람은 육체에도 하나님의 형상이 있다는 것을 알아서 잘 보존하고 그분의 뜻대로 사용해야 합니다. 육체가 하나님의 기뻐하심 안에 있다는 것은 육체도 나중에 영생으로 부활된다는 말씀을 보면 알 수 있습니다. 만약 육체가 하등한 것이거나 혹은 필요 없는 것이었다면 하나님께서 육체를 부활시키지 않으실 것입니다. 그러나 하나님은 영혼과 육체를 모두 거룩한 사람의 구성 내용으로 보십니다. 영과 육체를 구별하는 것은 영지주의와 같은 이단에서나 나타나는 이해이며, 불교와 같은 탈현세적 종교에서 나타나는 것입니다. 기독교는 육체를 통하여 하나님의 일을 드러내는 것을 귀하게 여깁니다. 다시 말해서 생각으로만 하는 것이 신앙이 아니라, 그 생각대로 사는 것이 신앙입니다.

"내 형제들아 만일 사람이 믿음이 있노라 하고 행함이 없으면 무슨 유익이 있으리요 그 믿음이 능히 자기를 구원하겠느냐."약 2:14

그러므로 성도는 하나님의 형상이 드러나는 육체를 가진 만큼, 육체로도 그분의 뜻을 드러내야 합니다. 하나님은 우리의 형상의 모든 원 아이디어를 갖고 계신 분이십니다.

자유의지에 대하여

자유의지에 관한 논쟁들

교회사에서 크게 논쟁되었던 것은 사람에게 있는 '자유의지'*liberum arbitrium*에 대한 것이었습니다. '자유의지라고 불리는 능력이 과연 사람에게 있느냐'라는 것이죠. 여기에 대해서 개혁 교회가 정리한 내용을 잠깐 살펴보겠습니다. 먼저 '자유의지'라는 것이 무엇인가를 분명히 이해할 필요가 있습니다. '자유의지'는 사람의 선택의 능력을 말하는 것이 아닙니다. 예를 들어서 밥을 먹을 것인가 혹은 국수를 먹을 것인가를 선택하는 능력을 말하는 것이 아닙니다. 그것은 별로 중요하지 않습니다. 밥을 먹든 국수를 먹든 하나님의 영광을 드러내는 것이 중요하지, 무엇을 먹고 입느냐는 중요하지 않습니다. 여기서 말하는 '자유의지'란 사람이 하나님께서 기뻐하실 만한 '선'을 행할 수 있는 능력을 말합니다. 즉, '자유의지'가 있느냐는 물음은 '사람이 스스로의 능력으로 하나님을 기쁘시게 할 만한 의지와 힘이 있는가' 하는 것입니다. 이에 대해서 신학자들은 많은 논쟁을 했는데, 이유는 지금의 인류는 타락했기 때문입니다. 과연 타락하여 부패한 사람에게 하나님께서 기뻐하시는 선을 행할 만한 능력과 힘이 있는가가 문제가 되었습니다. 이것은 사람의 구원을 이해할 때 중요한 내용입니다. 여기서 잠깐 다뤄보도록 하겠습니다. '자유의지'라는 명칭은 중세에 처음 나타났습니다. 중세 신학자들은 사람이 무엇을 결정하고 행동할 때에는 '지정의' 중에서 '지성'과 '의지'가 함께 작용한다고 생각했으며, 이 지성과 의지의 작용을 '자유의지'라고 불렀습니다. 단순히 '의지'만을 말하지 않고 '지성'을 함께 언급한 것은 의지가 움직이는 데 지성이 많은 영향을 끼친다고 이해했기 때문입니다. 지성과 의지가 함께 작용하는 '자유의지'로 인해서 사람은 무엇인가를 결정하고 행위할 수 있게 됩니다.

사람에게 선을 행할 수 있는 능력이 있는가?

사람이 타락하였다면, 자신의 자유의지로 선을 행할 수 있는 능력이 있는가? 이 질문에 대해서 개혁 교회의 신학사들은 사람의 자유의지를 몇 단계로 나누어서 이해하였습니다.

첫 번째는 아담의 타락 이전, 사람이 가지고 있는 자유의지입니다. 위에서 본 바와 같이 타락하기 전의 사람의 자유의지에는 '의와 거룩'이 있었습니다. 사람에게는 거룩한 하나님을 향한 지식이 있었고, 그분을 사랑하는 감정이 있었고, 그분의 말씀을 따르고자 하는 의지가 있었습니다. 그렇기 때문에 타락 전의 사람은 자신의 자유의지로 선을 행할 수 있었습니다. 그러나 다른 한편 이 자유의지는 악을 행할 수도 있었습니다. 자유의지는 아직 선과 악 사이에서 결정되어 있지 않았습니다. 선을 행할 수도 있는 의지와 악을 행할 수도 있는 의지가 있었다는 것입니다.

두 번째는 타락한 이후의 사람이 가지고 있는 자유의지입니다. 이 자유의지는 하나님을 향한 '의와 거룩'이 망가진 자유의지입니다. 이로 인해서 타락한 사람의 자유의지는 '의'보다는 '악'에 끌립니다. 그뿐만 아니라 하나님과 사람에 대한 거룩한 지식이 망가졌기 때문에 무엇이 하나님의 뜻인지도 알지 못하게 되어버렸습니다. 사람은 타락한 자유의지로는 하나님께서 원하시는 선을 이룰 수가 없습니다. 결국 이 자유의지로는 부패와 부족함을 만들어낼 수밖에 없습니다. 그것은 하나님께서 보시기에 악한 것이며, 심판밖에는 받을 것이 없습니다. 타락한 인간에게 자유의지란 악을 행할 수밖에 없는 의지가 된 것입니다.

세 번째는 구원받은 이후의 사람이 가지고 있는 자유의지입니다. 즉, 거듭난 성도가 가지고 있는 자유의지입니다. 이 자유의지는 성령으로 인하여 거듭났기 때문에 '새사람'에 속합니다. 그렇기에 거듭난 자유의지는 선과 거룩을 행하고자 합니다. 그렇다면 거듭난 자유의지가 순전히 자신의 힘으로 선과 거룩을 행할 수 있을까요? 그렇지는 않습니다. 그에게는 아직도 죄로 인한 부패와 연약함이 있습니다. 그렇기에 의지는 아직도 때때로 죄에 빠지고 넘어집니다. 또한 그에게는 아직 은혜와 중보자가 필요합니다. 성령 하나님께서 성도의 자유의지에 소원을 주시고, 그 소원을 행할 수 있도록 힘을 주십니다. 그의 의지가 행한 선행이 하나님께서 받으실 만한 것이 되도록 그리스도께서 중보하십니다. 중생된 자의 자유의지는 아직도 부패함이 있으나, 거듭났으며 성령의 인도를 받아서 선을 행합니다. 거듭난 자유의지로 인해서 성경은 성도들에게 '선을 행하라'고 촉구합니다. 그런 면에서 성도에게 있는 자유의지는 날마다 거룩을 향하여 고침받아 가는 의지입니다.

네 번째는 영화롭게 된 성도의 자유의지입니다. 즉, 이 땅의 모든 것을 마치고 영원한 영광의 나라에 들어간 성도의 자유의지입니다. 이 자유의지는 죄가 없으며 영화롭게 되었기 때문에 더는 악을 행하지 못합니다. 오직 최고의 선이신 하나님의 온전한 통치 아래 의와 거룩만을 행할 뿐입니다. 그리고 그 의와 거룩을 가장 큰 기쁨과 즐거움으로 행합니다. 그는 마음과 뜻과 힘을 다하여 하나님을 사랑하며 성도를 사랑하게 됩니다. 지금 구원받고 하나님의 영광의 나라에 들어가 있는 성도들이 이러한 자유의지를 누리고 있습니다. 영화롭게 된 성도의 자유의지는 선만을 행할 수밖에 없는 상태입니다.

남자와 여자로 창조하심

사람의 창조에 대해서 다루어야 하는 또 다른 내용은 하나님께서 사람을 창조하시되 '남자'와 '여자'로 창조하셨다는 것입니다. 이러한 측면에서 사람은 또 다른 영적 존재인 '천사'와는 다릅니다. 천사에게는 남자와 여자가 없고, 각각이 독립된 존재입니다. 그런데 사람은 남자와 여자가 함께 지내며 서로를 보완하도록 하셨습니다. 성경은 남자가 잠들어 있을 때, 하나님께서 남자의 갈빗대를 취하여 여자를 만드셨다고 합니다창 2:18-21. 그리고 여자를 남자에게 이끌어 둘이 함께 살 수 있도록 하셨습니다.

남자와 여자는 동등한 관계

하나님께서는 남녀가 함께하기 전까지 아담이 독처하는 것에 만족하지 않으셨습니다. 왜냐하면 아직 사람에게 부족한 것이 있었기 때문입니다. 그러므로 최초로 아담과 하와의 결혼을 주례하셨고, 그와 함께 모든 것이 완성되었습니다. 여기에서 남녀의 관계에 대해서 몇 가지 의미를 찾을 수 있습니다.

첫째로, 남과 여, 둘은 동등한 관계라는 것입니다. 유대인들은 이렇게 가르쳤습니다. "하나님은 여자를 남자의 머리뼈로 만들거나 발의 뼈로 만들지 않으시고, 갈비뼈로 만드셨다. 이것은 둘이 평등한 것을 가르치는 것이다." 이 해석은 타당성이 있습니다. 성경에서 보이는 일부다처제나 혹은 가부장적인 모습은 하나님의 법에 속한 것이 아닙니다. 오히려 고대의 한계성을 보여주는 것입니다. 사회시스템이 잘 갖추어지지 않은 사회에서는 완력이 강한 남자가 여자를 지배할 수밖에 없습니다. 그러나 그러한 사회는 약육강식의 정글과 유사하며, 좋은 사회라고 말할 수 없습니다. 사회가 발전할수록 남녀의 평등이 강조되는 것은 당연합니다. 하나님은 한 남자와 한 여자의 만남을 이상적으로 보셨으며, 둘을 대등하게 보셨습니다. 하나님은 아브람에게만 새 이름을 주신 것이 아니라, 사래에게도 새로운 이름을 주셨습니다.

"하나님이 또 아브라함에게 이르시되 네 아내 사래는 이름을 사래라 하지 말고 사라라 하라." 창 17:15

그만큼 사래를 대접하기 원하신 것입니다. 이런 면에서 초대교회는 사회 변혁을 주도했습니다. 로마시대에 여자를 남자와 동등하게 보는 것은 오직 하나님의 나라인 교회 안에서만 볼 수 있는 모습이었습니다. "남편들아 이와 같이 지식을 따라 너희 아내와 동거하고 그를 더 연약한 그릇이요 또 생명의 은혜를 함께 이어받을 자로 알아 귀히 여기라." 벧전 3:7

결혼제도는 하나님의 뜻

둘째로, 하나님은 남자 한 명, 여자 한 명의 부부 관계를 이상적인 것으로 보셨고, 이것을 사람이 이루는 공동체의 최소 단위로 보셨습니다. 사람이 홀로 거하는 것은 좋지 못합니다. "여호와 하나님이 이르시되 사람이 혼자 사는 것이 좋지 아니하니."창 2:18 여기서 말씀을 잘 볼 필요가 있습니다. 혼자 사는 것이 '죄는 아니다.' 이것은 분명히 할 필요가 있습니다. 그러나 혼자 사는 것이 '좋지 않다.' 다시 말하면 풍성함을 이루지 못하며, 하나님께서 사람에게 주시고자 하는 복과 은혜를 충만하게 누리지 못하는 것입니다. 이로써 하나님은 결혼제도를 두셨습니다. 결혼제도에서 생각해야 할 것은 이것이 '사람의 타락' 이전에 만들어진 제도라는 것입니다. 결혼을 단순히 '음욕으로 인한 문제' 때문에 만든 것이라고 생각한다면, 그것은 아직 결혼의 의미를 충분히 알지 못하는 것입니다. 물론 성경은 그 부분에 대해서 언급하지만고전 7:2-6, 창세기는 그것보다 훨씬 더 풍성한 의미를 두고 있습니다. 결혼은 하나님의 나라를 이루며, 이 세상에서 구별된 자들이 스스로를 지켜 살아갈 수 있는 최소한의 단위입니다. 또한 남녀가 함께 살면서 서로를 보완하여 성장할 뿐만 아니라, 믿는 자녀를 낳고 말씀으로 교육하여 하나님의 나라가 확장되는 복이 있습니다. 그러므로 어떤 이유든 결혼을 금하는 것은 하나님의 뜻에 반대하는 것입니다.

사람은 관계의 존재

셋째로, 부부 관계를 허락하신 것은 사람이 관계의 존재임을 가르쳐 줍니다. 사람이 하나님과 관계를 맺음으로써 의미를 갖는 것처럼, 사람과 사람이 관계를 가짐으로써 이 땅에서 주의 백성들로 살아가게 하셨습니다. 그것이 가정이며 교회이고 사회 공동체입니다. 공동체의 중요성은 어느 시대에도 약화된 적이 없습니다. 하나님께서 어떤 사람에게 복을 주실 때는 그 사람을 통하여 공동체 전체가 유익을 얻게 하려고 하시는 것입니다. 이로써 개인은 자신의 공동체에 대한 의무를 지고 있다는 것을 기억해야 합니다. 혼자 잘사는 것으로는 충분하지 못합니다. 배우자가 슬픈데, 어떻게 나 혼자 행복하며, 이웃이 불행한데 어떻게 나 혼자 행복할 수 있겠습니까? 구원은 개인의 믿음으로 받지만, 구원의 은택은 공동체에 미치는 것입니다.

하지만 반대로 공동체성이 사람을 억압하는 경우도 있습니다. 그것은 역사적으로 제국주의라든가 혹은 전체주의로 나타났습니다. 공동체를 위하여 개인을 희생하려고 하는 것이지요. 그러나 이것 역시 하나님의 뜻에 대한 심각한 도전입니다. 하나님은 백성들 한 명 한 명의 구원을 위하여 아들을 보내셨습니다. 공동체가 없는 개인의 생존이 힘든 것처럼, 개인이 없으면 공동체 자체가 구성될 수 없습니다. 하나님의 공동체는 소수를 위해서 다수가 참을 수 있습니다. 마치 가정에서 가장 어린 자를 위하여 가족 전체가 인내하는 것과 같습니다. 개인과 공동체가 균형을 이루어야 합니다. 개인은 공동체를 생각하며, 공동체는 개인을 보호해야 합니다. 이 두 관계가 균형을 이루어 선을 이루는 것이 하나님의 뜻입니다.

🐟 사람의 타락

하나님께서 처음에 창조하신 사람은 모든 면에서 의롭고 거룩했습니다. '의롭다'는 말은 죄나 부족함이 없이 사람의 지, 정, 의와 행동, 모든 면에서 하나님을 기쁘시게 하기에 충분했다는 것을 의미합니다. 그리고 '거룩하다'는 것은 그가 하나님을 따르며 그분이 주신 말씀과 기준에 따라서 생각하고 행동했다는 것을 의미합니다. 그러나 이러한 의와 거룩은 죄로 인해서 사라지게 되었고, 사람에게 있었던 '하나님의 형상'도 망가지게 되었습니다. 이렇게 하나님께서 창조하신 사람이 타락하여 망가지는 것에 대해서 창세기 3장에 기록되어 있습니다.

뱀의 유혹과 선악과

창세기 3장에는 '뱀'이 등장합니다. 뱀은 하나님의 피조물 중에 가장 간교하다고 되어 있습니다. 그러나 여기서 주목해야 할 것은 타락이 단순히 뱀이라는 동물로 인한 문제라기보다는 뱀을 악한 영, 즉 '사탄'이 이용했다는 사실입니다. 그래서 계시록에서 사탄을 '옛 뱀', 즉 아담과 하와를 타락케 했던 마귀로 이해하고 있습니다 계 12:9. 뱀은 하와에게 와서 '하나님에 대한 불신'을 심어놓습니다. 즉, 그는 하나님과 사람 사이를 이간질합니다. 뱀은 하와에게 말하기를, 하나님께서 '선악을 알게 하는 나무의 열매'를 먹지 못하게 하신 것은 사람이 하나님과 같이 될 것을 염려하신 것이라고 합니다 창 3:5. 그 말을 듣자 하와는 금지된 열매가 사람을 지혜롭게 할 만큼 탐스러워 보였다고 합니다. 이것은 사람과 하나님과의 관계가 깨지고 있으며, 하나님의 말씀을 의심하기 시작했음을 알려줍니다. 하와는 결국 뱀의 유혹에 넘어가 하나님과 같이 되어서 자신의 힘과 지혜로 살아가기를 원합니다. 이로 인해서 선악을 알게 하는 나무의 열매를 먹고 그 열매를 남편에게도 가져다주었으며, 성경은 그들의 눈이 밝아졌다 창 3:7고 기록합니다. '그들의 눈이 밝아졌다'는 것은 사람에게 하나님과 다른 자신만의 판단 기준과 지혜가 생겼음을 보여줍니다. 이로써 사람은 더는 하나님을 의지하지 않고 자기만의 삶을 살고자 하며, 하나님의 은혜와 말씀을 거절하는 존재가 되었습니다.

죄로 인해 하나님과 분리된 사람

하나님을 떠난 사람은 그분이 주시는 '의와 거룩의 지식'을 잃게 되었습니다. 하나님이 주시는 의와 거룩이 아니라, 자신의 의와 거룩을 추구하며, 하나님이 주시는 지식이 아니라 자신의 판단으로 살게 되었습니다.

이것이 타락한 인간의 모습입니다. 하나님을 떠난 사람은 의와 거룩을 이룰 수가 없게 되었습니다. 왜냐하면 모든 거룩과 의의 주인은 하나님 이시기 때문입니다. 사람이 하나님을 떠나서 의로울 수가 없을 뿐만 아니라, 더욱 중요한 것은 그분이 주시는 생명을 누릴 수도 없게 되었습니다. 그러므로 사람에게 죽음이라는 것이 닥치게 되었습니다. 형벌로서 죽음이 임할 뿐만 아니라, 하나님과 떨어진 자는 결국 죽음에 이르게 되어 있습니다. 둥치에서 잘려나간 가지가 어떻게 생존할 수 있겠습니까? 하나님이 생명을 주시는 분인데, 도대체 그분을 떠나서 어떻게 생명을 유지하겠다는 것입니까? 그러므로 선악과를 먹었을 때 아담과 하와가 바로 죽음에 이르지 않고 후손들이 당장 죽지는 않았다고 할지라도, 시간이 지나면서 점점 죽음에 이르게 되는 것입니다. 이것 자체가 사람이 생명이신 하나님과 분리되었다는 것을 보여줍니다.

아담의 대표성

여기서 중요한 질문이 생깁니다. 아담이 타락한 것이 어떻게 모든 인류의 타락으로 이어질까요? 아담의 타락은 인류의 타락에 어떤 영향을 주었을까요? 이것은 성경의 큰 난제입니다. 부모가 잘못하였다고 자녀가 잘못되었다는 것이 과연 있을 수 있는가 하는 것입니다. 그러나 성경은 분명히 아담 한 사람으로 말미암아 모든 사람이 죄에 빠지게 되었다고 합니다. "그러므로 한 사람으로 말미암아 죄가 세상에 들어오고 죄로 말미암아 사망이 들어왔나니 이와 같이 모든 사람이 죄를 지었으므로 사망이 모든 사람에게 이르렀느니라."롬 5:12 이것은 아담의 죄가 모든 사람에게 영향을 끼쳤다는 것을 보여줍니다. 그러면 이것이 어떻게 가능한 것일까요? 교회사적으로 두 가지 해석이 있습니다. 그것은 '유전적 해석'과 '언약적 해석'입니다.

유전적 해석

첫 번째로 '유전적 해석'이란 죄 된 본성이 자손에게 유전되어 세대를 거쳐서 왔다는 것입니다. 이러한 이해는 가끔 성경에서 볼 수 있기도 합니다. 그러나 이 해석은 여러 가지 난제가 있습니다. 부모가 자녀에게 영향을 끼친다면 왜 아담의 죄만 영향을 끼치고, 다른 부모의 악은 영향을 끼치지 않을까요? 열왕기서를 보면 어떻게 악한 왕에게서 선한 왕이 나오고, 선한 왕에게서 악한 왕이 나오는 것일까요? 또한 성경은 이스라엘 백성에게 부모로 인해서 자녀가 악해진다는 속담을 쓰지 말라고 합니다겔 18:2, 3, 20. 이 해석은 이 외에도 여러 가지 문제를 가지고 옵니다.

언약적 해석

두 번째로 '언약적 해석'은 아담을 인류의 대표로서 하나님과 언약을 맺고 행동하는 언약의 대표자로 이해하는 것입니다. 이러한 이해는 이 세상에서도 간혹 볼 수 있습니다. 두 공동체가 만나서 약속을 할 때, 모든 공동체원이 만나서 언약을 맺는 것이 아니라 대표자가 만나서 언약을 함으로써 모든 구성원들에게 효과가 발휘되는 것입니다. 예를 들어서 두 나라의 대통령이 만나서 언약을 맺으면 언약의 내용이 나라의 모든 시민들에게 적용되는 것과 같습니다. 그러면 두 이해 중에서 어떤 이해가 더 타당할까요? 교회는 유전적인 해석보다는 언약적인 해석이 더 타당하다고 생각했습니다. 물론 그럴지라도 이러한 설명이 '아담 안에서 타락한 인류'에 대한 충분한 설명이 되지는 못합니다. 왜냐하면 언약을 맺었다고 해서 사람의 본성에까지 영향을 미치는 경우는 인간사에는 없기 때문입니다. 그렇기 때문에 두 가지를 다 포함하여 이해할 뿐만 아니라, 아담의 타락과 인류의 관계는 특별한 경우라고 이해하는 것이 합당할 것입니다.

하나님 백성의 대표가 되신 예수 그리스도

인간의 타락과 원죄에서 아담과 인류의 관계와 마찬가지로 구원에서도 이와 같은 관계가 나타나는데, 그것은 바로 '예수 그리스도와 그분의 백성과의 관계'입니다. 우리는 예수 그리스도의 사역과 행하심에 참여하여 구원을 받습니다. 그분의 순종이 우리의 순종이며, 그분의 '의'가 우리의 '의'가 되었습니다. 이 역시 전혀 이해할 수 없는 관계입니다. 어떻게 그분이 이천 년 전에 이루신 내용이 우리의 것이 될 수 있습니까? 이것은 아담 안에서 온 인류가 타락했다는 것만큼이나 신비한 관계이며 은혜의 내용입니다. 그래서 성경은 이렇게 말합니다.

"그런즉 한 범죄로 많은 사람이 정죄에 이른 것같이 한 의로운 행위로 말미암아 많은 사람이 의롭다 하심을 받아 생명에 이르렀느니라 한 사람이 순종하지 아니함으로 많은 사람이 죄인 된 것같이 한 사람이 순종하심으로 많은 사람이 의인이 되리라." 롬 5:18, 19

아담과 예수 그리스도만이 인류와 하나님의 백성의 대표자가 되셨습니다. 다른 경우는 없습니다.

타락한 아담과 인류

아담이 타락한 이후 아담과 인류는 타락의 영향 아래 있습니다. 그 타락으로 인하여 사람은 두 가지의 상태에 빠져 있습니다.

인간이 부패한 상태

인간의 타락으로 인하여 생긴 상태 중 하나는 부패한 상태입니다. 부패했다는 것은 죄로 인해서 그가 더는 의와 거룩을 이루지 못하고, 죄를 만들어내는 상태에 있다는 것을 말합니다.

"의인은 없나니 하나도 없으며 깨닫는 자도 없고 하나님을 찾는 자도 없고 다 치우쳐 함께 무익하게 되고 선을 행하는 자는 없나니 하나도 없도다." 롬 3:10-12

부패한 상태라는 것이 어떤 상태인지 잘 이해할 필요가 있습니다. 부패했다는 것은 무엇을 하든지 백 퍼센트 죄만 짓는다는 말은 아닙니다. 사람들은 타락한 후에도 일정 부분 선을 행합니다. 믿지 않는 자에게 어떤 선이 나타납니다. 그러나 그 선은 온전하지 못합니다. 선한 행동 속에도 부패가 있고 죄가 있습니다. 때로 사람의 의지는 죄를 피하고 선을 행하고자 합니다. 그러나 그 속에서도 부패가 들어가 있고 죄가 있습니다. 그렇기 때문에 그 선은 하나님이 받으실 만하지 못하며, 선한 행동 속에서 악취와 부패가 진동합니다. 이것이 사람이 부패한 상태입니다. 전적인 부패의 상태입니다. 부패를 사람이 스스로 씻어내는 방법은 없습니다. 아마도 사람의 부패에 대해서 어느 정도 깨닫고 있는 것이 불교일 것입니다. 불교의 가르침에서 사람의 모든 것은 '고뇌'입니다. 그러므로 참선을 통해서 사람의 생각을 중지시키는 것만이 고뇌에서 벗어나는 방법으로 보았습니다. 그러나 이것은 심각한 문제를 가지고 옵니다. 결국 본성적으로 죄인인 사람은 죽는 것 외에는 죄를 멈출 방법이 없습니다. 결국 불교는 사람의 부패를 잘 알고 있지만, 해결할 방법을 제시하지는 못하고 있는 것입니다. 사람은 살아 있는 동안 계속 죄와 부패를 만들어내며, 그로 말미암은 충돌과 고통, 그리고 하나님의 진노 속에 있습니다.

인간의 형벌의 상태

둘째로 인류는 형벌의 상태에 있습니다. 사람이 죄를 범했기 때문에 형벌이 임하고 있습니다. 형벌은 두 가지입니다. 첫 번째로 자연계의 형벌입니다. 자연이 사람에게 복종하지 않고 오히려 재해 등을 일으켜 해를 끼치는 것입니다. 동물이 사람을 공격하며 지진과 해일, 기상이변이 일어납니다. 이 모든 것이 죄로 인한 것이며, 사람이 범죄하고 자연을 남용하여 생기는 결과입니다. 또한 세상에는 기근과 전쟁과 역병과 죽음이 있습니다. 이것은 마치 계시록에 있는 네 가지 색깔의 말 탄 자들 - 흰말거짓 평화, 붉은 말전쟁, 검은 말기근, 청황색 말죽음 - 이 세상을 헤집고 다니는 것과 같습니다계 6:1-8. 세상의 죄가 해결될 때까지 자연계는 고통을 당하게 될 것입니다. 두 번째는 죽음의 형벌입니다. 죽음은 생명의 단절이요, 상실로서 영과 육의 분리를 가리킵니다. 성경은 절대로 죽음을 존재의 폐기나 중지로 다루지 않습니다. 성경은 죽음을 몇 가지로 나누어 설명하고 있는데, '육체적 죽음'영혼이 육체에서 분리되는 것, '영적인 죽음'하나님과 피조물 사이의 단절, 그리고 '영원한 죽음'입니다. 이 가운데 '영원한 죽음'은 죄와 부패를 해결받지 못하고 하나님의 심판대 앞에 선 사람에게 당연히 임하게 될 결과입니다. 이 영원한 죽음은 하나님의 은혜와 자비로부터 영원히 분리되는 것이며, 죄로 인한 고통으로 들어가는 것입니다. 영원한 심판과 죽음은 죄로 인한 문제를 해결받지 못했을 때에 닥칠 결과입니다. 아담 안에서 모든 인류가 심판 안에 들어가는 것이 마땅합니다.

구원의 복음

그러나 하나님은 타락한 인류를 그냥 내버려 두지 않으셨습니다. 하나님은 즉각 구원의 복음을 아담에게 주셨습니다. "내가 너로 여자와 원수가 되게 하고 네 후손도 여자의 후손과 원수가 되게 하리니 여자의 후손은 네 머리를 상하게 할 것이요 너는 그의 발꿈치를 상하게 할 것이니라 하시고"_{창 3:15} 또한 아담의 타락이 하나님의 계획을 벗어난 일이라고 이해할 수도 없습니다. 하나님의 지혜는 모든 것을 알고 계셨고, 그 일을 통하여 더 큰 하나님의 은혜와 주권을 드러내려고 하셨기에 타락을 허용하신 것입니다. 이것이 성경의 구속사입니다. 혹 이 타락이 하나님의 계획 밖에 있었거나 혹은 하나님께서 알지 못하는 와중에 일어났다고 생각해서는 안 됩니다. 하나님의 지혜는 세상보다 큽니다. 하나님은 일이 일어난 후에 뒷감당을 하시는 분이 아니라, 기쁘신 뜻대로 이루시는 분이십니다. 하나님은 타락한 인류를 돌보시고 오랫동안 긍휼을 베풀어 주실 뿐만 아니라, 그들을 위하여 아들을 구원자로 보내십니다. 그리고 그 아들을 통하여 온 세상에 하나님의 나라를 세우실 것입니다. 하나님의 구원 사역은 사람의 지혜를 능가하며, 그분이 우리를 위하여 계획하신 것은 천사도 생각하지 못한 것입니다. 하나님 안에서는 모든 일이 합력하여 선을 이룰 것입니다. 그것은 타락도 예외가 될 수 없습니다.

고백과 찬양 ❹

그리스도에 대하여

그리스도에 대하여

"아들을 낳으리니 이름을 예수라 하라 이
는 그가 자기 백성을 그들의 죄에서 구원할
자이심이라 하니라"마 1:21

하나님께서 죄인 된 그분의 백성들을 위하여 구원자를 보내셨다고 성경은 말합니다. 그리고 놀랍게도 하나님이 보내신 구원자는 태초부터 계셨던 하나님의 아들이십니다. 하나님께서 자신의 아들을 구원자로 보내셨다는 소식이 바로 '복음'입니다. 그리고 복음의 내용은 구원자이신 예수 그리스도와 그분의 사역에 대한 것입니다. 동시에 이 복음은 하나님께서 아브라함에게 주신 언약입니다. 하나님은 아브라함에게 "나는 너와 네 자손의 하나님이 되고, 너희는 내 백성이 되리라"라고 하셨습니다창 17:7. 구원자이신 그리스도를 통하여 '백성들을 자신의 백성으로 만드시는 일'을 이루십니다. 구원자 그리스도는 언약의 내용이며 교회 가르침의 중심입니다. 구원자 그리스도에 대해서 살펴보겠습니다. 내용은 크게 네 가지로 분류됩니다. 첫째는 그리스도의 이름, 둘째는 그리스도의 양성론, 셋째는 그리스도의 직분론, 넷째는 그리스도의 낮아지심과 높아지심입니다.

🐟 그리스도의 이름에 대하여

먼저 구원자 그리스도에 대한 명칭을 살펴보겠습니다. 우리의 구원자에게는 성경에서 말하는 몇 가지 이름이 있습니다. 첫 번째로는 '예수'라는 이름입니다. 마태복음 1:21절, "아들을 낳으리니 이름을 예수라 하라 이는 그가 자기 백성을 그들의 죄에서 구원할 자이심이라 하니라"에서 언급되는 '예수'라는 이름은 히브리어 '예슈아'여호수아 혹은 '호세아'와 유사한데, '예수'는 '구원'을 의미합니다. 복음서는 우리의 구원자이신 분의 이름을 예수라고 함으로써, 그분이 자기 백성들을 죄에서 구원하기 위해서 오신 분이라고 말합니다.

두 번째로는 '그리스도'입니다. '그리스도'는 헬라어로서, 히브리어 번역으로는 '메시아'입니다. 그리스도는 '기름 부음 받은 자'라는 의미인데, '기름 부음 받은 자'라는 것은 하나님께서 그분의 사역을 위해서 특별히 택하여 직분으로 세웠다는 것을 의미합니다. 이는 구약에서 유래된 것인데, 구약에서 기름 부음 받은 자들은 '왕', '제사장', '선지자'였습니다. 이것을 그리스도의 삼중직이라고 부릅니다. 그들에게 기름을 부어 하나님을 위하여 거룩하게 구별되었음을 나타낸 것입니다. 그러므로 우리의 구원자께서 '그리스도'라고 일컬음을 받는 것은 그분의 사역을 위해서 특별히 택함을 받으신 분임을 의미합니다.

세 번째로는 '인자'라는 칭호가 있습니다. 다니엘서에서 처음 이 칭호가 나타납니다. "내가 또 밤 환상 중에 보니 인자 같은 이가 하늘 구름을 타고 와서 옛적부터 항상 계신 이에게 나아가 그 앞으로 인도되매."단 7:13 그리고 예수께서는 종종 자신을 이 예언의 실현으로서 '인자'라고 부르셨습니다. '인자', 즉 '사람의 아들'이라는 이 표현은 여러 의미를 갖습니다. 먼저 인자는 구약적 의미로 볼 때, 하나님의 사람으로서 신적인 전권을 받아서 사역을 이루실 분이심을 가리키는 것입니다. 다니엘서에서 인자는 하나님의 나라를 이루고, 그분 앞에 서게 될 자입니다. 예수께서는 자신이 다니엘서가 말한 인자라고 말하는 것입니다. 또 인자는 구원자의 인성을 강조하는 것입니다. 스스로를 '사람의 아들'이라고 부르신 것은 자신의 백성을 위하여 낮아지셔서 사람이 되시고, 고난과 죽음을 당할 것을 말씀하시는 것입니다. 예수께서 사용하신 '인자'라는 칭호는 그분의 구속 사역을 의미합니다. 또한 인자는 심판주를 의미합니다. 예수께서는 이렇게 말씀하셨습니다.

"노아의 때에 된 것과 같이 인자의 때에도 그러하리라. 노아가 방주에 들어가던 날까지 사람들이 먹고 마시고 장가 들고 시집 가더니 홍수가 나서 그들을 다 멸망시켰으며, 또 롯의 때와 같으리니 사람들이 먹고 마시고 사고 팔고 심고 집을 짓더니, 롯이 소돔에서 나가던 날에 하늘로부터 불과 유황이 비오듯 하여 그들을 멸망시켰느니라 인자가 나타나는 날에도 이러하리라." 눅 17:26-30

이것 역시 다니엘서가 말하는 종말 때에 다시 오실 예수의 사역을 의미하는 것입니다. 그러므로 '인자'라는 표현은 구약과 관련해서 구원자의 낮아지심과 고난, 그러나 그 고난에도 불구하고 영광의 심판자로 다시 오시는 역설적인 구원자의 모습을 보여줍니다.

네 번째로는 '하나님의 아들'입니다. '하나님의 아들'이라는 이름은 구약에서 여러 가지로 사용되었습니다. 그것은 한 민족으로서의 이스라엘 출 4:22; 호 11:1, 다윗의 집에 약속된 왕삼하 7:14; 시 89:27, 천사들욥 1:6; 시 29:1, 일반적으로는 경건한 사람들창 6:2; 시 73:15; 잠 14:26에게 적용되었습니다. 하지만 신약에서 예수님은 이 명칭을 적용하셨습니다. 제자들과 귀신들도 가끔 그 이름으로 예수님을 불렀으며, 혹은 예수를 하나님의 아들로 고백하기도 하였습니다. 그리스도에게 적용된 이 명칭은 가끔 '출생적 의미'에서 그리스도의 인성이 성령의 직접적이며 초자연적인 행위에 기원을 두고 있음을 가리키는 데 사용됩니다. 또한 '직분적 혹은 메시아적 의미'로 본성보다는 직분을 묘사하는 데 사용되기도 합니다. 그리고 마지막으로는 '삼위일체적 의미'에서 제2위가 되시는 그리스도를 지시하기 위하여 사용됩니다. 예수님 자신도 이 명칭을 특수한 의미에서 꾸준히 사용하셨습니다. "내 아버지께서 모든 것을 내게 주셨으니 아버지 외에는 아들을 아는 자가 없고 아들과 또 아들의 소원대로 계시를 받는 자외에는 아버지를 아는 자가 없느니라."마 11:27

다섯 번째로는 '주', '주님'이라고도 부릅니다. 물론 구약에서 '주'는 삼위일체이신 여호와 하나님을 부를 때 사용되는 표현입니다. 삼위 하나님 모두 '주님'이십니다. 그런데 독특하게 신약에서는 하나님 나라의 백성으로서 그 나라의 왕이신 예수를 '주' 혹은 '주님'이라고 부릅니다. 그래서 제자 도마는 예수를 '나의 주'라고 불렀습니다. 이것은 예수께서 구원주 하나님이심을 고백한 것입니다.

🐟 그리스도의 양성론

우리의 구원자이신 예수께서는 매우 독특한 분이십니다. 예수님은 하나님이시면서, 동시에 사람이십니다. 이것은 초대교회 때 모든 성도들이 고백했던 내용이지만, 후에 3, 4세기를 거치면서 예수의 '하나님 되심'과 '사람 되심'에 대한 많은 이단들이 나타났습니다. 그들은 한 분이 '하나님이시면서 동시에 사람'이시라는 사실을 이해할 수 없었습니다. 그리고 사실 이 교리는 사람에게는 이해될 수 없는 교리입니다. 그러나 교회는 오랜 논쟁 끝에 성경에 따라서 이 가르침을 정리했습니다. 그 내용을 한 번 보겠습니다.

하나님이신 예수 그리스도

요한복음에서는 예수께서 하나님이시라는 것으로 그분에 대한 설명을 시작합니다. 예수께서는 본질적으로 영원과 신적인 권세와 능력과 위엄을 가지고 계셨다고 합니다.

"태초에 말씀이 계시니라 이 말씀이 하나님과 함께 계셨으니 이 말씀
은 곧 하나님이시니라 그가 태초에 하나님과 함께 계셨고, 만물이 그
로 말미암아 지은 바 되었으니 지은 것이 하나도 그가 없이는 된 것이
없느니라."요 1:1-3

그분은 하나님과 함께 계셨던 또 다른 하나님이시며 말씀이십니다. 복
음서는 계속해서 하나님이신 말씀이 이 땅에 오셨다고 증언합니다. "말
씀이 육신이 되어 우리 가운데 거하시매 우리가 그의 영광을 보니 아버
지의 독생자의 영광이요 은혜와 진리가 충만하더라."요 1:14 이 본문은 오
신 구원자께서 독생하신 성자 하나님이셨다고 합니다. 그러므로 우리는
요한복음의 본문을 통하여 먼저 이 땅에 오신 우리의 구원자께서는 창
조주 하나님이시며, 구원주 하나님이시고, 우리의 찬양과 예배를 받으시
기에 합당하신 독생하신 영광의 하나님이심을 알 수 있습니다. 그분이
비록 육체를 가지고 계셨으나, 우리와는 본질적인 차이가 있는 분입니
다. 복음서는 신적인 능력을 드러내신 많은 이적을 통하여 예수께서 하
나님이시라 하는 것을 증언합니다.

마가복음 4장에서 예수께서 말씀으로 바람과 파도를 잠잠케 하시는
장면이 나옵니다. 사건의 끝에는 이 사건이 왜 기록되었는지에 대한 의
도가 나옵니다.

"그들이 심히 두려워하여 서로 말하되 그가 누구이기에 바람과 바다
도 순종하는가 하였더라."막 4:41

제자들은 처음에 예수를 어떤 특별한 사람으로 이해했던 것 같습니다. 그렇기에 제자들은 바람과 바다를 꾸짖어 잔잔케 하시는 주님을 보고 두려워합니다. 자연을 꾸짖어 잔잔케 할 수 있는 권세자는 오직 하나님 한 분밖에 안 계시기 때문입니다. 이들의 질문을 통하여 성경 기자는 예수께서 그들의 사고를 뛰어넘는 하나님의 아들이심을 증거하고 있습니다. 그 후에 오는 막 5장의 거라사의 귀신 들린 자의 사건에서도 동일한 증언이 나타납니다. 귀신 들린 자의 몸속에 있던 귀신들은 예수를 보고 그분이 누구이신지를 바로 알아봅니다. 그들은 "예수를 보고 달려와 절하며 지극히 높으신 하나님의 아들 예수여 나와 당신이 무슨 상관이 있나이까 원컨대 하나님 앞에 맹세하고 나를 괴롭게 마옵소서"막 5:6-7라고 부르짖습니다. 이 사건은 참으로 아이러니합니다. 제자들도 제대로 알아보지 못하였던 예수님의 신성을 귀신의 입을 통하여 선언합니다. 두 사건은 이 땅에 오신 예수께서 어떠한 분이신가를 설명하는 것입니다. 그분은 자연과 귀신을 말씀으로 복종시킬 수 있는 하나님이십니다.

이 외에도 사도행전 3장의 베드로가 성문에서 앉은뱅이를 일으키는 장면에서도 살아계신 예수 그리스도의 신적인 능력을 드러냅니다. 베드로는 이 기적은 사람이 한 일이 아니라 예수 그리스도께서 한 일이라고 말합니다. "이스라엘 사람들아 이 일을 왜 기이히 여기느냐 우리 개인의 권능과 경건으로 이 사람을 걷게 한 것처럼 왜 우리를 주목하느냐."행3:12 베드로는 기적이 보여주는 것의 참 의미를 드러냅니다.

"너희가 거룩하고 의로운 이를 거부하고 도리어 살인한 사람을 놓아주기를 구하여 생명의 주를 죽였도다 그러나 하나님이 죽은 자 가운데서 그를 살리셨으니 우리가 이 일에 증인이라."행 3:14-15

바로 유대인들이 죽인 그 예수를 하나님이 살리셔서 생명의 주로 세우셨고, 생명의 주께서 지금도 역사하신다는 것에 대하여 사도들이 증언하고 있습니다. 그 증거가 앉은뱅이가 일어난 사건입니다. 즉, 성경의 기적의 의미는 하나님과 예수 그리스도께서 살아계심의 증명입니다. 그분은 하나님이시며 창조자이시고, 우리는 피조물입니다.

그러면 여기서 중요한 의미를 생각해 봐야겠습니다. 왜 우리의 구원자로 사람이나 천사가 아니라 하나님이 오셨어야 했을까요? 그것은 그분의 구원 사역을 생각해 보면 알 수 있습니다. 우리의 구원자께서는 십자가 위에서 죄인들을 위하여 하나님의 죄옥의 형벌을 감당하셔야 했습니다. 피조물은 영원한 하나님의 진노를 감당할 수 없습니다. 동시에 그분은 죄와 사망을 이기고 부활하여 자신의 백성들에게 새로운 생명을 주시는 일을 감당하셔야 했습니다. 죄와 사망을 이기고 부활하는 것은 오직 생명되신 하나님만이 하실 수 있는 일이며, 죄인들에게 새 생명을 주는 것도 전능한 하나님만이 감당하실 수 있는 일이기 때문입니다.

사람이신 그리스도

예수 그리스도는 하나님이신 동시에 우리와 성정이 동일한 사람이십니다. 예수께서는 하늘에서 내려오지 않으시고 여인의 몸을 통해서 이 땅에 오셨습니다. 그분이 사람이셨다는 증거가 되는 성경 구절이 있습니다.

"보라 네가 잉태하여 아들을 낳으리니 이름을 예수라 하라."눅 1:2
"때가 차매 하나님이 그 아들을 보내사 여자에게서 나게 하시고 율법 아래 나게 하신 것은"갈 4:4

이 외에도 많은 증거 구절이 있습니다. 그러므로 그분은 우리와 같은 사람이셨고, 우리가 당하는 제한 안에 계셨습니다. 그분은 때로 고단하셨고 배고프셨고 슬퍼하셨으며 걸어다니셨습니다. 이는 예수께서 우리와 같은 사람이셨다는 것을 보여줍니다.

예수께서 우리와 같은 육체를 가지셨는가 하는 것은 초대 교회 당시 중요한 논쟁거리였습니다. 왜냐하면 당시 헬라 철학의 영향을 받은 영지주의gnosticism라는 것이 있었고, 이 영지주의의 영향을 받은 기독교인들은 예수의 성육신을 부인했기 때문입니다. 그들은 이원론dualism에 빠져서 영혼은 거룩하나, 육체는 본래 더럽고 부패한 것이라고 생각했습니다. 그런 이유로 하나님께서 부패한 육체를 가지신다는 것은 불가능하다고 생각했습니다. 물론 예수님의 육체는 죄가 없는 육체였습니다. "하나님이 죄를 알지도 못하신 이를 우리를 대신하여 죄로 삼으신 것은 우리로 하여금 그 안에서 하나님의 의가 되게 하려 하심이라."고후 5:21 "모든 일에 우리와 똑같이 시험을 받으신 이로되 죄는 없으시니라."히 4:15 이로 보건대 예수께서는 죄의식이나 죄의 고백이 없는 분이십니다. 그럼에도 예수께서 육체를 가지신 것이 분명합니다. 사도 요한은 교회 안에 영지주의 이단이 들어오자, 예수께서 육체로 오셨다는 것을 반대하는 이단을 비판했습니다. 그는 예수께서 육체로 오심을 부인하는 영은 적그리스도에게 속하였다고 합니다.

"이로써 너희가 하나님의 영을 알지니 곧 예수 그리스도께서 육체로 오신 것을 시인하는 영마다 하나님께 속한 것이요, 예수를 시인하지 아니하는 영마다 하나님께 속한 것이 아니니 이것이 곧 적그리스도의 영이니라 오리라 한 말을 너희가 들었거니와 지금 벌써 세상에 있느니라."요일 4:2, 3

참된 영은 우리의 구원자께서 성육신하셨다는 것을 인정하는 영입니다. 이로 인해서 예수 그리스도께서 참사람이었음을 인정하는 것이 교회의 가르침이 되었습니다.

여기서 우리가 짚고 넘어가야 할 것이 있습니다. 왜 우리의 구원자는 꼭 사람이셔야 했을까요? 첫 번째로 우리의 구원자는 우리를 대표하여 우리의 죄를 대신 지시고 죽으셔야 하며, 우리를 대표하여 율법을 지키고 선을 행하셔야 하기 때문입니다. 사람만이 사람의 죄를 대신할 수 있으며, 사람을 위해서는 사람이 율법을 행해야 합니다. 그리고 그분이 당하신 형벌과 율법에 대한 공로를 우리에게 전해주셔야 합니다. 오직 사람만이 사람을 대신할 수 있기에 우리의 구원자는 사람이셔야 합니다. 이 대표성에 대해서는 '그리스도의 낮아지심'에서 조금 더 살펴보겠습니다.

두 번째로 우리의 모범이 되시기 위해서입니다. 그분의 삶은 성도의 삶의 모범이 되어야 합니다. 예수 그리스도로 인하여 이 땅을 살아가는 성도들은 믿음의 모범을 얻게 됩니다. 그분이 죄인을 사랑하시고 용서하시고, 또한 때로 의를 위해서 분노하시고 저항하신 것은 우리도 이웃을 사랑하고, 죄와 싸워야 한다는 것을 가르쳐줍니다. 예수께서는 이 땅에서 우리와 같은 모습으로 사심으로, 우리가 따라가야 할 모범이 되셨습니다.

예수의 두 본성에 대한 잘못된 주장

어떻게 하나님께서 사람이 되실 수 있는가라는 의문은 예수 그리스도의 본성에 대해서 오래도록 논쟁한 주제입니다. 초대 교회는 성경의 가르침에 따라서 예수 그리스도는 참되고 영원한 하나님으로서 참된 인성을 취하셨다고 고백했습니다. 즉, 참된 하나님이시면서 동시에 참된 사람이시라고 가르칩니다. 그러나 초기 기독교회에는 이 문제에 대하여 여러 가지 잘못된 가르침이 있었고, 교회는 이와 맞서 싸워야 했습니다. 잘못된 가르침은 크게 두 가지 방향에서 이루어졌습니다.

첫 번째는 예수 그리스도의 인성, 즉 그분이 참된 사람으로 오셨음을 부인하는 것입니다. 이것에 대해서는 앞의 요한 1서에서 언급하였습니다. 그들은 하나님이 성육신하셨다는 것을 부인하였습니다. 이러한 주장은 주로 신비주의를 추구하는 이단에서 많이 나타났습니다. 두 번째는 예수 그리스도의 신성, 즉 예수께서 하나님이심을 부인하고, 탁월한 선지자 혹은 신적인 인물 정도로 이해하는 것입니다. 초대 교회에서 몇몇 교파에비온파, 알로기파들은 예수는 처음에 단순한 인간이었으나 세례 요한의 세례로부터 메시아가 되었다고 주장했습니다. 또 그 후에 나타난 아리우스Arius,?-336는 예수께서 신적인 존재이기는 하나, 하나님과 동일한 본질을 가지고 있지는 않다고 주장하였습니다. 예수님이 하나님이 아니라는 주장이 초대 교회 때부터 힘을 얻은 것은 성경이 하나님은 한 분이시라고 강변하고 있기 때문입니다. 즉, 하나님은 한 분이신데, 그분의 아들이 있다는 것을 어떻게 받아들여야 하는가가 난제였던 것입니다. 아들의 신성을 인정한다면 하나님이 한 분이시라는 성경의 명제가 부인된다고 생각하였던 것입니다. 동일한 이유로 성령 하나님의 신성도 논란이 되었습니다.

예수의 신성과 인성의 문제는 초대 기독교의 교회 회의로 정리가 되었습니다. 니케아 회의321년, 콘스탄티노플381년과 칼케돈 회의451년 등이 이 문제에 대해서 다루었습니다. 최종적으로 예수께서는 성부와 동일한 본질동일본질을 가지신 참된 하나님이시며, 동시에 사람의 본성을 가지신 참된 사람이시고, 이 두 본질이 한 인격 안에서 연합되었다고 확정하였습니다. 이 외에 예수께서 가지신 두 본성 중에 하나를 부인하는 것은 잘못된 가르침임을 선언함으로써, 예수 그리스도의 두 본성에 대한 문제는 초대 교회에서 오랜 시간을 걸쳐서 정리되었습니다.

지금도 제기되는 문제들

그러나 예수 그리스도의 두 본성에 대한 문제는 지금까지도 진행형입니다. 현대사회가 예수를 보는 입장은 전적으로 인성에 대한 강조 위에 있습니다. 예수께서 로마제국 치하에 있던 이스라엘에 살던 실존 인물이라는 것에는 논란이 없습니다. 왜냐하면 당시에 있던 유대 역사가 요세푸스 등이 예수께서 실존 인물이라고 증명했기 때문입니다. 그들은 예수께서 하신 행위나 사상이 훌륭하다고 생각하지만, 교회를 구원하러 오신 하나님이시라는 사실에는 의문을 표합니다. 왜냐하면 현대사회는 하나님의 존재를 인정하지 않기 때문입니다. 결국 남은 것은 '위인 예수'이고 예수님을 도덕과 윤리 위에서만 이해하려고 합니다. 그들은 예수를 인류의 선구자이자 윤리 교사 정도로 받아들이고 이해할 수 있을 것입니다. 이는 그리스도의 비신화화 작업이 낳은 대표적인 오류입니다.

그들이 이해한 예수는 죄 사함과 영생을 주는 구원자 예수는 아니라는 점을 생각해야 합니다. 사람이기만 한 예수는 선생은 될 수 있을지 모르지만 인류의 주인이 될 수 없습니다. 인류의 주는 오직 하나님뿐이며, 생명을 주실 수 있는 분도 오직 하나님뿐입니다. 그분은 인류의 스승인 석가모니, 공자, 소크라테스 등과는 다른 분입니다. 그분은 가르침을 주시는 분일 뿐만 아니라, 가르침을 따를 수 있는 새 생명을 주실 수 있는 분입니다. 예수 그리스도께서는 하나님이시며, 인간의 창조자이시고, 구원자이시기에 그분은 주님이십니다.

⊱JESUS⊰ 그리스도의 직분론

'그리스도'의 뜻

그리스도의 직분론은 구원자 예수께서 이 땅에 오셨을 때 어떤 사역을 행하셨는가를 규명하기 위한 것입니다. '그리스도'라는 칭호 자체가 이미 어떤 직분을 받은 자를 의미합니다. 왜냐하면 '그리스도'라는 말은 '메시아'의 헬라어 번역으로서 '기름 부음 받은 자'를 의미하기 때문입니다. 그러면 구약에서 어떤 자들이 '기름 부음'을 받았을까요? 보통 세 가지 직분자들이 기름 부음을 받았다고 합니다. 왕, 제사장, 선지자입니다. 왕이 기름 부음을 받는 장면은, 예를 들어서 삼상 16:6-13에 나옵니다. 다윗이 선지자 사무엘에게 기름 부음을 받음으로 하나님께 선택받았음을 알게 됩니다. 제사장 역시 기름 부음을 받았는데, 출 40:13을 보면 아론에게 기름을 부어 거룩하게 하라는 말씀이 나옵니다. 마지막으로 선지자에게도 기름을 부었는데, 그것이 왕상 19:16에도 기록이 되어 있습니다. 하나님은 엘리야 선지자에게 엘리사에게 기름을 부으라고 명하십니다. 이것을 볼 때 구약 이스라엘을 위하여 하나님께서 세우신 직분자들, 즉 왕, 제사장, 선지자들에게 기름을 부어서 세웠다는 것을 알 수 있습니다.

그렇다면 기름을 부었다는 것은 어떤 의미가 있을까요? 학자들은 크게 두 가지 의미가 있다고 생각합니다. 첫째는 기름 부음을 받은 대상이 하나님을 위해서 거룩하게 구별되었다는 의미입니다. 출애굽기를 보면 하나님께서는 거룩한 기름을 만들어서 성막의 도구에 바르도록 명하셨습니다. 그렇게 함으로써 이 성막의 도구는 하나님을 위해서, 그리고 하나님께서 쓰시기 위해서 거룩하게 구별되었습니다. 그러므로 어느 사람에게 기름을 부었다는 것은 그가 하나님을 위해서, 그리고 그분이 주신 사명을 위해서 구별되었다는 의미입니다. 그는 사명을 위해서 자신을 삶을 드려야 했습니다.

둘째로 기름은 하나님의 영이신 성령께서 그에게 임하셔서 은사를 주신다는 것을 의미합니다. 하나님께서 어떤 사람을 직분으로 세우실 때는 직분을 수행할 만한 은사를 함께 허락해 주십니다. 그렇지 않고는 사람이 직분을 수행할 수 없기 때문입니다. 그러므로 하나님은 기름을 부으심으로 주의 은사가 그에게 충만하게 임했다는 것을 보여주셨습니다. 메시아이신 예수께서는 성령의 은사를 받으신 정도가 아니라, 성령과 하나이신 분입니다. 그러므로 그분이야말로 진정으로 '기름 부음을 받은 분'이라고 할 수 있습니다.

위에서 살펴본 바와 같이, 예수께서 기름 부음 받으셨다는 것은 그분이 하나님의 나라의 왕이시며, 선지자이시고, 제사장이시라는 것입니다. 그렇기에 우리는 그분을 메시아이신 예수, 즉 그리스도이신 예수라고 부릅니다. 그러면 그분은 어떤 직분을 수행하실까요?

선지자, 제사장, 왕

첫째로 그분은 선지자이십니다. 구약에서 선지자는 하나님의 뜻을 백성들에게 전하는 일을 한 사람입니다. 예수께서 이 땅에 아버지 하나님의 뜻을 선포하러 오신 최고의 선지자이십니다. 이는 예수님을 복음서가 '말씀'요 1:1이라고 부르는 데서 드러납니다. 그분을 '말씀'이라고 칭하는 것은 그분이 '말씀'이시며 말씀으로 세상을 창조하신 하나님이시며, 동시에 세상에 하나님의 뜻을 보여주신 성자 하나님이시라는 증거입니다. 구약의 모든 선지자들에게 말씀을 주신 분이 바로 성자셨습니다. 신약에서는 말씀이신 성자께서 직접 오셔서 구약에서 가르치셨던 모든 말씀을 해석해 주시며, 그 의미를 드러냈습니다. 예수의 말씀에 대한 권위는 마태복음의 산상수훈에서 "옛사람에게 말한 바 나는 너희에게 이르노니"마 5:21라고 말씀하신 데서 나타납니다. '옛사람'이 누구인지 정확히 알 수는 없습니다. 모세, 선지자, 혹은 유대교 랍비들 중 여러 해석의 가능성이 있습니다. 그러나 분명한 사실은 예수님은 그들보다 자신이 더 권위가 있다고 주장하십니다. 왜냐하면 그분이야말로 모든 말씀의 주인이시기 때문입니다. 그분은 이 땅에 오셔서 구약의 말씀을 해석해 주시며, 하나님의 가장 분명한 뜻을 우리에게 가르쳐주셨습니다. 또한 그분은 지금도 세우신 교회에 말씀을 주시는 분이십니다. 그분은 교회의 진정한 교사이시며, 지금도 여러 직분자들과 말씀 사역자들을 통하여 하나님의 말씀과 뜻을 가르쳐주고 계십니다. 그분만이 교회의 유일한 교사이며, 교회에서는 그분의 말씀만을 가르쳐야 합니다.

둘째로 예수님께서는 제사상이십니다. 그분은 그분의 백성들의 죄 사함과 구원을 위하여 자신을 제물로 삼으셨을 뿐만 아니라, 자신이 직접 제사장이 되셨습니다. 이에 대해서는 히브리서에 잘 기록되어 있습니다.

"이 뜻을 따라 예수 그리스도의 몸을 단번에 드리심으로 말미암아 우리가 거룩함을 얻었노라 제사장마다 매일 서서 섬기며 자주 같은 제사를 드리되 이 제사는 언제나 죄를 없게 하지 못하거니와 오직 그리스도는 죄를 위하여 한 영원한 제사를 드리시고 하나님 우편에 앉으사 그 후에 자기 원수들을 자기 발등상이 되게 하실 때까지 기다리시나니 그가 거룩하게 된 자들을 한 번의 제사로 영원히 온전하게 하셨느니라."히 10:10-14

이 말씀처럼 예수는 십자가 위에서 자신을 제물로 드리심으로, 그리고 영원한 제사장이 되심으로 하나님의 백성들의 죄를 사하셨습니다. 그리고 지금도 그 일을 보좌 우편에서 하고 계십니다. 계속해서 그분이 이루신 십자가의 구원 사역을 통하여 여전히 하나님의 백성들의 죄를 사하고 계시며, 하나님의 보좌 우편에서 중보하고 계십니다. 마치 구약에서 제사장이 계속해서 성막과 성전에서 백성들을 위해 하나님께 중보 기도를 올렸던 것처럼, 그리스도는 중보직을 감당하고 계시며, 하나님과 사람 사이의 유일한 중보자는 오직 그리스도뿐입니다. 하나님의 백성들은 지금도 그리스도의 은혜의 기도와 중보로 말미암아 하나님께 자유롭게 나아가, 그분과 교제하며 은혜를 담대히 구할 수 있습니다.

셋째로 그분은 하나님 나라의 왕이십니다. 구약에서 왕이 하는 일은 두 가지였습니다. 자신의 백성과 나라를 적의 공격으로부터 지키는 것과 동시에 백성을 통치하여 이끌어나가는 것입니다. 예수 그리스도께서는 지금도 사탄과 죄로부터 그분의 나라와 백성을 지키고 계십니다. 교회는 그리스도의 보호로 말미암아서 죄와 사탄으로부터 보호를 받습니다. 교회는 말씀을 주시는 그리스도의 섭리로 보호를 받습니다. 그뿐만 아니라 예수 그리스도께서는 지금도 교회와 성도를 통치하여 이끌고 계십니다. 교회와 성도는 결국 이 땅에서 자신들의 구원을 완성할 뿐만 아니라, 하나님의 나라를 확장하며, 예수께서 재림하실 때까지 주의 사명을 이루어나갈 것입니다. 그분은 지금도 '성령'과 '말씀'으로 교회를 통치하십니다. 주의 백성들은 그 마음을 새롭게 하시는 성령 하나님의 역사로 말미암아서, 그분의 말씀에 복종하여 세상에서 주의 백성으로 살아갑니다. 죄와 싸우며 거룩한 삶을 살고, 하나님의 영광을 드러내며 복음을 증거하는 삶을 삽니다.

그리스도의 낮아지심과 높아지심

예수께서는 선지자, 제사장, 왕으로서 오셔서 이 땅에서 사역을 하셨는데, 먼저 낮아지심 속에서, 그다음에는 높아지심 속에서 직분을 수행하셨습니다. 예수께서 낮아지신 것은 다섯 단계로 이루어집니다. 성육신, 고난당하심, 십자가에서 죽으심, 무덤에 장사되심, 그리고 이 외에도 '지옥에 내려가심'입니다. 높아지심은 네 단계로 이루어집니다. 부활하심, 승천하심, 보좌 우편에 앉으심, 그리고 재림하심입니다. 그러면 먼저 낮아지심부터 살펴보겠습니다.

낮아지심
: 성육신하심

성자께서 낮아지신 첫 번째 단계는 '성육신', 즉 사람이 되신 것입니다. 낮아지심에 대해서 성경은 이렇게 말합니다.

"그는 근본 하나님의 본체시나 하나님과 동등됨을 취할 것으로 여기지 아니하시고 오히려 자기를 비워 종의 형체를 가지사 사람들과 같이 되셨고 사람의 모양으로 나타나사 자기를 낮추시고 죽기까지 복종하셨으니 곧 십자가에 죽으심이라." 빌 2:6-8

성자께서는 하나님과 동일한 본체를 가지신 하나님이셨습니다. 그러나 '자기를 비워' 사람의 형제를 가지셨다고 합니다. '자기를 비우셨다'는 말씀을 개혁교회에서는 하나님께서 자신의 영광을 가리신 것으로 해석했습니다. 주님은 피조물들에게서 영광을 받으시기에 합당한 분이셨으나, 자신의 영광을 가리시고 평범한 인간이 되셨습니다. 성자께서 이렇게 낮아지신 이유는 하나님의 백성들의 대표자가 되시기 위해서입니다.

예수께서는 공생애에 들어가시기 전에 세례 요한에게 세례를 받으십니다. 사실 예수께서는 세례를 받으실 필요가 없었습니다. 왜냐하면 구약에서 세례는 이방인들이 하나님의 나라로 들어오는 하나의 예식이었고, 신약에서도 그리스도로 말미암아 죄 씻음을 받는 표이기 때문입니다. 그렇기에 세례 요한은 자신에게 오신 예수께 당황해하며 질문을 합니다. "내가 당신에게서 세례를 받아야 할 터인데 당신이 내게로 오시나이까?"마 3:14 이것은 당연한 질문입니다. 예수께서는 죄가 없으신 분이었을 뿐만 아니라, 하나님의 나라의 주인으로 오시는 분이기 때문에 오히려 자기 백성들에게 세례를 주셔야 할 분이었습니다. 그러나 예수께서는 "이제 허락하라 이와 같이 하여 모든 의를 이루는 것이 합당하니라"라고 말씀하십니다마 3:15. 이것이 무슨 의미일까요?

예수께서 받으신 세례는 그분이 죄 있고 비참한 자기 백성들과 같이 낮아지셨으며, 그들이 지고 있는 율법의 책임을 직접 지셨다는 것을 보여줍니다. 그분은 이 땅에 내려오사 자기 백성들과 같이 되어, 그들의 비참과 부패를 지고, 율법을 지켜야 할 책임을 직접 지셨고 이 땅에서 사시며, 구원 사역을 이루셨습니다. 그분은 하나님의 백성들의 대표가 되어 십자가를 지고 죽으셨으며, 부활하셨습니다. 그뿐만 아니라 그분은 자기 백성의 고통을 아시는 분이십니다. 성경은 이렇게 말합니다.

"우리에게 있는 대제사장은 우리의 연약함을 동정하지 못하실 이가 아니요 모든 일에 우리와 똑같이 시험을 받은 이로되 죄는 없으시니라."히 4:15

그분은 우리와 같이 되셨습니다. 그러므로 우리를 이해하시며, 그 마음으로부터 긍휼히 여기십니다. 성경은 이것을 종합하여 그분이 우리의 맏아들이 되셨다고 말합니다. "하나님이 미리 아신 자들을 또한 그 아들의 형상을 본받게 하기 위하여 미리 정하셨으니 이는 그로 많은 형제 중에서 맏아들이 되게 하려 하심이니라."롬 8:29 이것은 우리가 그리스도 이신 예수와 동일한 본질을 가지고 있다거나, 동일한 반열에 들었다는 의미가 아닙니다. 그분은 사람이신 동시에 하나님이시며, 우리는 그분이 만드신 피조물입니다. 하나님의 영광스러운 거룩에 참여하는 자들이지, 신이 되는 자들이 아닙니다. 그러나 성경은 이 표현을 통하여 예수께서 이 땅에서 하셨던 사역들이 성도들을 위한 것이며, 성도들이 그분의 영광스러움에 참여하게 하기 위한 것이라는 사실을 보여줍니다. 즉, 자신을 낮추사 우리와 같이 되시고, 우리를 자신과 연합시켜서 우리를 다시 그분의 영광스러움으로 높이셨습니다.

낮아지심
: 고난받으시고 십자가에서 죽으심

두 번째로 낮아지신 것은 '그분의 고난받으심'이며 세 번째는 '십자가에서 죽으심'입니다. 예수께서는 그분의 백성들의 대표자로서 이 땅에 사셨습니다. 그분은 자기 백성들의 연약과 부패를 지셨고, 공생애 기간 동안 유대인들의 멸시와 고난을 받으셨습니다. 우리는 특별히 그분이 이 땅에 사셨던 마지막 순간에 당하셨던 고난에 주목할 필요가 있습니다. 왜냐하면 그때 당하셨던 고난은 우리의 죄 사함과 연관이 있기 때문입니다.

예수의 공생애 마지막 3일 동안에 그분은 유대 종교 지도자들과 로마

정부의 재판정에서 유죄 판결과 함께 고난을 받고, 십자가에 달려 돌아가셨습니다. 예수께서 당하신 이 고난과 죽음에 대하여 성경은 예수께서 화목 제물이 되셨다는 표현을 사용합니다.

"하나님이 우리를 사랑하사 우리 죄를 속하기 위하여 화목 제물로 그 아들을 보내셨음이라." 요일 4:10

화목 제물이라는 표현은 예수께서 당하신 고난과 죽음이 어떤 의미를 가지고 있는가를 보여줍니다. 즉, 그분의 백성들의 죄를 씻고, 그들과 하나님의 관계를 회복시키기 위한 것이라는 사실입니다. 우리가 주님의 속죄 사역을 이해할 때 주의해야 할 것은 주님의 사역은 단순히 그분의 백성을 죄 없는 존재로 만들기 위한 것이 아니라는 점입니다. 이것은 단순히 기독교를 윤리적 혹은 율법적으로만 접근하는 것입니다. 성경은 예수의 희생 사역을 "화목제물"이라고 말합니다. 이것은 예수님께서 단순히 십자가를 져서 죄를 사하는 것이 목적이 아니라, 그분의 백성들을 하나님의 호의 아래 두어, 하나님과의 관계를 회복시키기 위한 것입니다. 이것을 위해서 그분은 십자가에 달리셔야 했습니다. 예수께서 나무에 매달리셨다는 것은 특별한 의미를 갖습니다. 왜냐하면 구약성경에서 율법은 나무에 달린 자를 저주 아래 있다고 선언하고 있기 때문입니다. 율법에서는 사람을 나무에 매달아 죽이고 그 후에 시체를 계속 매달아두는 것을 금합니다. 왜냐하면 사람이 나무에 매달려 땅으로부터 들린 것은 곧 안식에서 쫓겨난 것을 의미하기 때문입니다. 사람이 땅에서부터 유리된다면 그는 안식을 찾을 곳이 없게 됩니다. 그렇기에 사람을 나무에 매달아 죽이고 해가 지기까지 내버려두는 것은 금지입니다. 그것은 영원한 영적인 형벌을 의미합니다. 예수께서 나무에 매달려 죽으셨다는 사실이 바로 그분이 받으신 형벌이 단순히 육적인 것뿐만 아니라 영적인 형벌이었다는 것을 보여주는 것입니다. 영적인 저주는 곧 지옥의 형벌을 의미합니다. 이렇기에 예수께서 당하신 고난은 그분의 부르짖음 '엘리 엘리 라마사박다니'에서 절정을 이룹니다. 이 형벌을 감당할 수 있는 피조물은 없습니다. 그리스도께서 나무에 매달린 자로 저주를 받으심으로 우리는 그 저주로부터 자유롭게 되었습니다. 하나님은 더는 그분의 백성들을 향하여 진노하거나 저주하시지 않습니다. 죄인들이 받아야 할 진노와 저주를 그리스도께서 백성의 머리가 되사 직접 받으셨기 때문입니다. 이제 그리스도와 연합된 백성들은 죄인을 향한 하나님의 진노와 저주로부터 자유롭게 되었습니다. 그러므로 그리스도께서는 화목 제물이라고 일컬어지십니다. 그리스도로 말미암아 하나님과 백성들 사이는 화목게 되었습니다.

낮아지심
: 무덤에 장사되심

성경은 죽음을 당하신 예수께서 무덤에 장사되셨다고 말합니다. 성경은 이 장사되심이 예수께서 당하신 고난과 죽음을 확실하게 증명해 준다고 말합니다. 교회사를 보면 예수의 죽으심의 실제성에 대하여 의문을 갖는 사람들이 있습니다. 그러나 예수의 죽으심은 분명한 역사적인 사실이었습니다. 그분이 장사되셨다는 사실이 이것을 증명합니다. 그렇다면 예수께서 죽으시고 무덤에 장사되셨다는 것은 우리에게 어떤 의미가 있을까요?

그리스도께서 확실히 돌아가시고 무덤에 장사된 것처럼, 우리의 옛사람도 그리스도를 믿을 때 그리스도 안에서 확실하게 죽었다 하는 것입니다. 우리 주님의 죽으심은 영적으로는 그분의 백성들의 옛사람의 죽음과 연결됩니다. 성경은 이에 대하여 다음과 같이 말합니다. "우리가 알거니와 우리의 옛사람이 예수와 함께 십자가에 못 박힌 것은 죄의 몸이 죽어 다시는 우리가 죄에게 종노릇하지 아니하려 함이니."롬 6:6 사도바울 선생님은 우리가 그리스도와 연합되었기에, 우리의 머리이신 그분의 죽으심이 곧 우리의 죽음이라고 말합니다. 그리스도의 죽음을 통하여 우리의 옛사람이 죽었습니다. 옛사람, 곧 하나님을 떠나서, 죄에 거하며, 부패에 있기를 즐거워하는 죄된 본성이 죽은 것입니다. 그러므로 주님을 믿는 모든 사람들은 옛사람에 대해서는 죽고 새사람에 대해서는 살았습니다. 우리가 거듭났다는 것을 확인케 됩니다.

그러나 여기에 대해서 질문이 있을 수 있습니다. 우리의 옛사람이 그리스도와 함께 죽었다면 왜 아직도 우리는 죄를 짓는가 하는 것입니다. 옛사람이 죽었다는 것은 죄가 우리를 더는 지배하지 못한다는 것입니다. 옛사람이 죽은 성도는 더는 자신을 위해서 살지 않고 하나님을 위해서 삽니다. 성도의 삶의 힘과 방향과 목적이 바뀐 것입니다. 이렇게 삶의 방향이 바뀐 것을 교회는 '회개'라고 부릅니다. 또한 죄의 결과인 사망으로부터 우리는 자유롭습니다. 더는 죄가 우리를 지배하지 못하기 때문에, 우리는 그 결과인 사망을 두려워할 필요가 없습니다.

그러나 우리는 아직도 옛사람의 영향을 받습니다. 즉, 옛사람이 죽은 지금도 아직 죄의 잔재, 즉 부패성이 우리 안에 남아 있어서 죄를 짓는 것입니다. 예를 들어서 중병을 앓고 있던 사람이 병을 고쳤다고 할지라도 몸이 금방 건강해지지는 않는 것과 같습니다. 아직 몸은 허약한 상태이며, 오랜 시간을 들여 회복시켜야 합니다. 이와 유사하게 오랜 시간 들인 습관은 금방 고쳐지지 않습니다. 이것은 성도가 왜 아직도 죄를 짓는가를 보여줍니다. 그의 삶의 방향과 목적은 달라졌지만, 아직도 안에는 죄의 부패가 남아 있는 것입니다. 그럼에도 성도는 삶 속에서 부패와 맞서 싸우며, 거룩에 이르기를 힘씁니다.

여기서 우리가 잊지 말아야 할 것은 성도가 삶 속에서 수행해야 할 이 거룩한 투쟁의 결과에 대해서 이미 성경은 우리에게 예수 안에서의 승리를 약속해 주고 있다는 사실입니다.

"너희 속에 착한 일을 시작하신 이가 그리스도 예수의 날까지 이루실 줄을 우리가 확신하노라." 빌 1:6

이 말씀은 우리의 승리가 결정되어 있는데, 그 이유는 성도가 그리스도와 연합하여 그분의 은혜에 거하기 때문이라고 합니다. 구원을 시작하신 이가 완성하실 것입니다. 그분은 그리스도 안에서 끊임없는 은혜를 부으시고, 거룩한 소원을 수셔서 죄와 싸우게 하시며, 죄에 패하여 쓰러졌을 때에도 절망치 않게 하십니다. 성도는 거룩한 약속 위에서 서게 되며, 우리의 옛사람이 그리스도 안에서 죽었다는 거룩한 가르침 위에서 계속 전진해 나갑니다. 이것이 거룩을 향해가는 성도들의 성화의 삶입니다. 이상이 그리스도의 낮아지심입니다.

높아지심
: 부활하심

그리스도는 낮아지심을 통해서 자신의 백성들의 죄를 제거하시며 사망을 물리치십니다. 사역을 다하신 그리스도는 다시 높아지십니다. 그리스도의 부활과 높아지심은 성도에게는 새 생명과 새 삶을 의미합니다.

죄인이 죽는 것으로는 구원이 완성되지 않으며 새 생명으로 살아나야 합니다. 이것이 그리스도의 높아지심의 내용입니다.

성경은 십자가 위에서 죽으시고 무덤에 장사되셨던 예수께서 3일 만에 부활하셨다고 증언합니다. 예수의 부활은 환상이나 착각이 아니고 십자가 위에서 잠시 기절했다가 다시 깨신 것도 아니고 정확히 그분의 죽으신 육체가 다시 사신 것이었습니다. 복음서를 보면, 예수께서 제자들에게 자신의 부활한 몸을 만져보라고 하시며, 예수의 부활이 육체적인 것임을 말씀하십니다요 20:27. 우리는 예수의 부활의 신학적 의미를 생각해 봐야 합니다. 예수는 십자가 위에서 우리의 죄를 다 씻으셨는데 왜 굳이 부활을 하셨어야 할까요? 예수님의 부활에는 세 가지 의미가 있습니다.

첫 번째로 예수께서는 죽음을 이기고 부활하심으로 죄와 사망의 권세를 깨뜨리셨습니다. 아담이 타락한 이후로 세상을 장악하고 있는 것은 죄와 죽음이었습니다. 그러나 예수께서 십자가 위에서 죄의 문제를 해결하시고 부활하심으로 죄와 사망의 권세를 깨뜨리셨습니다.

두 번째로 예수께서 부활하심으로, 그분이 하나님 앞에서 의인이시며 영원한 구원자이심을 선포하셨습니다. 예수는 의인이시기에 하나님은 죽음의 형벌로부터 예수를 다시 일으키셨습니다. 동시에 우리의 구원자는 살아계신 분이어야 합니다. 그러므로 성경은 다음과 같이 말합니다.

"우리가 원수 되었을 때에 그 아들의 죽으심으로 말미암아 하나님으로 더불어 화목되었은즉 화목된 자로서는 더욱 그의 살으심을 인하여 구원을 얻을 것이니라."롬 5:10

사도바울 선생님은 예수 그리스도께서 자신의 죽으심으로 우리와 하나님을 화목게 하신 것처럼, 그분이 부활하여 살아나심으로 더욱 우리의 구원을 이루신다고 말씀합니다.

세 번째로 예수의 사심을 통하여 그분과 연합된 성도들도 다시 부활하게 하기 위해서입니다. 성경은 이렇게 말합니다.

"그리스도를 죽은 자 가운데서 살리심과 같이 우리로 또한 새 생명 가운데서 행하게 하려 함이니라 만일 우리가 그의 죽으심을 본받아 연합한 자가 되었으면 또한 그의 부활을 본받아 연합한 자가 되리라." 롬 6:4-5

그러므로 성도들은 이미 그리스도로부터 새 생명을 받아서 이 땅에 살고 있습니다. 새 생명으로 인하여 성도는 하나님을 알고, 그분을 사랑하며, 진리와 의로 자라가게 됩니다.

성도의 거룩해짐, 성화, 혹은 성도가 행하는 모든 내적, 외적 선행은 바로 예수 그리스도의 새 생명에 참여하여 얻는 결과물이라는 사실을 잊지 말아야 합니다. 그리스도로부터 새 생명을 받음으로써 우리는 하나님을 본받을 수 있으며, 그리스도를 따라 살 수 있습니다. 내 힘으로가 아니라, 부활하신 그리스도의 새 생명에 성령을 통하여 내가 참여하여 이루어지는 신적인 능력입니다. 우리는 예수를 믿기 이전에, 새 생명에 참여하기 이전에 죽은 자들이었습니다. 하나님도 모르고, 죄에 대한 감각도 없고, 말씀도 깨닫지 못하였습니다. 그러나 소경이 눈을 뜬 것과 같이 이제 하나님이 보이고, 그리스도가 보이고, 말씀을 기쁨으로 받습니다 요 9장. 그리고 죄에 대하여 애통할 줄 압니다. 이것이 바로 내가 새 생명 가운데 있다는 중요한 증거입니다.

성도들이 이 땅에서 참여하는 부활은 영적인 부활입니다. 그리고 계 20:6에서는 영적인 부활을 '첫째 부활'이라고 말합니다. 첫째 부활에 참여하는 자들은 복이 있습니다. 둘째 사망, 곧 영원한 멸망을 당하지 아니하며, 이 땅에서 하나님과 그리스도의 제사장으로 살아가며, 그리스도의 지체가 되어 그분의 사역을 이루어갑니다. 성도는 그리스도의 부활에 참여하여 그리스도께서 다시 오시는 날까지 구원의 충만을 이루어갑니다. 구원의 서정 모두 하나님의 은혜이고 일하심입니다.

높아지심
: 그리스도의 승천

다음은 예수 그리스도의 승천입니다. 사도행전에서 말씀하신 것처럼, 예수께서는 부활하시고 하늘에 올리우셨습니다.

"이 말씀을 마치시고 저희 보는 데서 올리워 가시니 구름이 저를 가리워 보이지 않게 하더라." 행 1:9

그리스도의 승천 역시 객관적인 사건입니다. 그렇다면 그리스도의 승천의 의미는 무엇일까요? 승천은 예수께서 하나님의 보좌 우편으로 올라가심을 의미합니다. 그리스도께서는 온 세상과 교회의 왕이며, 선지자, 제사장직을 수행하시기 위해서 하늘로 올라가시고 가리셨던 영광을 다시 찾으십니다. 이것이 그리스도의 승천이 가진 의미입니다.

그런데 이 승천에서는 풀어야 할 몇 가지 질문이 있습니다. 예수께서는 분명히 복음서에서 "볼지어다 내가 세상 끝날까지 너희와 항상 함께 있으리라"^{마 28:20}라고 말씀하셨습니다. 그런데 예수께서 승천하셔서 올라 가셨다면 우리와 함께하신다는 약속은 어떻게 된 것일까요? 예수님은 그분의 인성, 육체로는 우리와 함께 계시지 않지만, 그분의 신성과 위엄 과 은혜로는 우리와 항상 함께하십니다. 그분은 사람인 동시에 하나님 이시기 때문에, 어디에나 계시면서 언제나 세상을 지키고 보존하시는 하 나님이십니다. 성자 하나님께서 이 세상 어디에나 계시고, 성도들에게는 특별히 은혜로 함께하십니다. 성자 하나님은 세상을 통치하고 다스리시 며, 성도에게는 은혜의 주, 구원자, 중보자로 계십니다. 성자 하나님은 세 상과는 구별되는 특별한 은혜의 관계로 성도들과 함께하고 계십니다.

또한 예수께서는 그분의 영, 즉 성령으로 우리와 함께 계십니다. 성경 에는 성령을 가리켜서 '보혜사', '하나님의 영', '양자의 영' 등 여러 가지 이름이 있으며, 또한 그분은 '예수의 영' 혹은 '그리스도의 영'으로 불리 웁니다.

"성령이 아시아에서 말씀을 전하지 못하게 하시거늘 브루기아와 갈라 디아 땅으로 다녀가 무시아 앞에 이르러 비두니아로 가고자 애쓰되 예수의 영이 허락지 아니하시는지라."^{행 16:6}
"만일 너희 속에 하나님의 영이 거하시면 너희가 육신에 있지 아니하 고 영에 있나니 누구든지 그리스도의 영이 없으면 그리스도의 사람 이 아니라."^{롬 8:9}

이 말씀처럼 성령은 그리스도의 영이기 때문에 그리스도께서 성령으 로 성도와 함께 거하신다고 말합니다.

또한 성령께서는 예수를 증거하시며, 성도로 하여금 예수의 은총에 참여하게 하십니다. "보혜사 곧 아버지께서 내 이름으로 보내실 성령 그가 너희에게 모든 것을 가르치고 내가 너희에게 말한 모든 것을 생각나게 하시리라."요 14:26 "그가 내 영광을 나타내리니 내 것을 가지고 너희에게 알리겠음이니라."요16:14 그러므로 성령께서 하시는 가장 큰 사역은 그리스도의 말씀을 깨닫게 하시며, 그분의 은혜와 생명에 참여하게 하시는 것입니다. 그러므로 성령이 충만한 성도는 다름 아니라 그리스도만을 소망으로 삼으며, 자기의 의를 힘입지 않고 그리스도의 구속 은혜 안에 있기를 구합니다. 성령이 충만한 성도는 그리스도의 말씀을 따르며 마침내 그분의 인격을 닮습니다. 그리스도의 풍성한 인격을 닮아가는 것을 갈라디아서에서는 성령의 열매로 표현하였습니다.

"오직 성령의 열매는 사랑과 희락과 화평과 오래 참음과 자비와 양선과 충성과 온유와 절제니"갈 5:22-23

이렇게 성령이 함께하심으로 나타나는 결과는 그에게서 그리스도의 말씀과 인격이 증명되는 것입니다. 그리스도의 승천에는 크게 볼 때 우리를 위한 두 가지 유익이 있습니다.

첫 번째로 예수 그리스도께서 승천하사 그분의 백성들을 위한 대언자가 되셨다는 사실입니다.

"죽으실 뿐 아니라 다시 살아나신 이는 그리스도 예수시니 그는 하나님 우편에 계신 자요 우리를 위하여 간구하신 자시니라."롬 9:34

그분은 보좌 우편에서 자신의 백성들을 위하여 간구하십니다. 성자 그리스도의 간구는 반드시 성취될 것입니다. 우리를 사랑하사 자신의 생명을 내어주신 그리스도께서 우리를 위하여 간구하심은 우리의 생명과 부요함을 위한 것이라는 사실을 확신할 수 있습니다.

두 번째로 그리스도께서 승천하신 것은 성도를 그분이 계신 영원한 나라로 이끄시기 위한 것이라는 사실입니다. 교회의 머리이신 그리스도께서 영광으로 승천하셨기에 그분의 몸인 교회도 승천할 것입니다.

"그러므로 너희가 그리스도와 함께 다시 살리심을 받았으면 위의 것을 찾으라 거기는 그리스도께서 하나님 우편에 앉아 계시느니라 우리 생명이신 그리스도께서 나타나실 그때에 너희도 그와 함께 영광 중에 나타나리라." 골 3:1, 4

교회는 머리가 되시는 승천하신 그리스도를 바라보며 자신도 영광스럽게 될 소망을 갖습니다.

높아지심
: 그리스도께서 보좌 우편에 앉으심

예수 그리스도께서는 보좌 우편에 앉으실 목적을 두고 하늘에 승천하셨습니다. 여기서 보좌 우편에 앉으셨다는 것은 상징적인 표현입니다. 하나님은 온 세상에 편재하시고 충만하신 분입니다. 하나님은 영이시기에 어떤 보좌에 앉아 계신다는 것이 실재적으로 하나님을 표현하는 방식은 아닙니다. 그러나 하나님이 보좌에 앉아 계신다는 것은 그분이 온 땅을 통치하는 왕권을 가지고 계시다는 것을 보여주는 것입니다 계 4:2. 그렇다면 보좌 우편에 앉아 있다는 것은 무슨 의미일까요?

고대에 어떤 사람이 왕의 보좌 우편에 앉아 있다는 것은 그가 왕의 모든 권한을 대리하고 있다는 것을 의미합니다. 그리스도께서 보좌 우편에 앉아 계신다는 것 역시 그분께 하나님의 통치 권한이 있다는 의미입니다. 육신으로 이 땅에 오셔서 고난과 죽임을 당하신 그리스도께서는 이제 영광의 보좌 우편에 앉으셔서 왕권을 행하십니다. 여기에 대해서 히브리서 기자는 다음과 같이 말합니다.

"저는 그 앞에 있는 즐거움을 위하여 십자가를 참으사 부끄러움을 개의치 아니하시더니 하나님 보좌 우편에 앉으셨느니라." 히 12:2

그리스도는 지금도 일하고 계시며, 그분의 뜻을 이루고 계십니다. 그렇다면 지금 그리스도께서 보좌 우편에 앉아서 하시는 일이 무엇일까요?

첫 번째로 그분은 만물을 통치하고 계십니다. 계시록 7장에서는 하나님의 손에 있는 일곱 인으로 봉한 두루마리 책이 나옵니다. 이 책은 하나님께서 세상을 통치하시고자 하는 작정과 뜻을 내포합니다. 창조주 하나님의 뜻을 실행에 옮길 수 있는 자는 아무도 없습니다. 그렇기에 사도 요한이 하늘 위에나 땅 위에나 땅 아래에 능히 책을 펴거나 보거나 할 이가 보이지 않아서 크게 우는 장면이 나옵니다 계 5:3-4. 이때 하나님을 섬기는 장로가 요한을 위로합니다.

"울지 말라 유대 지파의 사자 다윗의 뿌리가 이기었으니 이 책과 그 일곱 인을 떼시리라." 계 5:5

그 말씀대로 어린양이 나와서 하나님의 손에서 책을 취하고 일곱 인의 봉인을 떼십니다. 그리고 어린양께서 봉인을 뗄 때마다 세상의 역사가 진행됩니다계 6장. 이것은 그리스도께서 이 세상의 역사를 통치하시며, 이끌고 계신다는 것을 보여줍니다.

두 번째로 그리스도께서는 세상을 통치하시는 분이시므로, 교회의 머리이신 그리스도께서 교회를 능히 보호하실 수 있습니다. 계시록 1장에서 교회를 돌보시는 그리스도에 대하여 설명하고 있습니다. 그분은 불꽃같은 눈을 가지고 세상을 감찰하고 계시며, 그분의 발은 빛난 주석과 같아서 대적을 밟아 깨뜨리실 수 있습니다계 1:14, 15. 그분은 사망과 음부의 열쇠를 가지고 계시기 때문에 교회는 세상을 이기며 결국 승리할 것입니다계 1:18. 이 땅에서 이루는 교회의 승리에 대하여 빌라델비아 교회에 보내시는 편지에 나타나고 있습니다. "볼지어다 내가 네 앞에 열린 문을 두었으되 능히 닫을 사람이 없으리라 내가 네 행위를 아노니 네가 적은 능력을 가지고도 내 말을 지키며 내 이름을 배반치 아니하였도다." 계 3:8 교회는 세상의 가치관을 따르거나, 그 가치관에 복종하지 않기 때문에 세상에서는 항상 약하고 작은 자로 나타납니다. 그러나 교회는 그것에 굴하지 않으며 영적인 권세를 가집니다. 다시 말하면 부패한 세상에서 하나님의 뜻을 전하고 사탄의 거짓을 드러냅니다. 오직 교회 안에서만 구원의 복음이 선포되며 죄인이 살아납니다. 교회가 세상에 타협하지 않고 하나님의 뜻을 묵묵히 따르는 것이 바로 교회의 권세이자 승리입니다.

"이 사람들은 여자로 더불어 더럽히지 아니하고 정절이 있는 자라 어린양이 어디로 인도하든지 따라가는 자"계 14:4

높아지심
: 그리스도의 재림

그리스도는 지금 세상의 통치자요, 교회의 머리로 계시지만 세상은 아직 그리스도를 인정하지 않고 계속 반역하고 있습니다. 하지만 이러한 반역 상태는 영원히 지속되지는 않습니다. 왜냐하면 성경은 너희 가운데서 하늘로 올리우신 이 예수는 하늘로 가심을 본 그대로 오시리라고 약속하고 있기 때문입니다행 1:11. 요한계시록에서 주님은 이 세상에서 활동하는 악한 영적인 세력들을 멸망시키시며, 죄인들을 심판하기 위해서 주님께서 다시 오시는 것으로 설명합니다. 그런데 교회사에서 보면, 주님의 심판은 교회를 흔드는 하나의 논쟁거리가 되어왔습니다.

신앙생활을 하고 있는 성도들조차도 주님의 재림을 두려워합니다. 왜냐하면 주님이 재림하시면 모든 사람을 자로 재어 보응하실 것이라고 생각하기 때문입니다. 어느 면에서는 맞을 수도 있지만, 성도들에게 주님의 재림은 다른 의미가 있습니다. 성경은 재림을 가리켜서 구원을 시작하신 그리스도께서 구원을 완성하러 오신다고 말씀합니다.

"너희 속에 착한 일을 시작하신 이가 그리스도 예수의 날까지 이루실 줄을 우리가 확신하노라."빌 1:6

우리가 받은 구원은 우리가 시작한 것이 아니라, 그리스도께서 시작하신 것입니다. 이제 그리스도께서 시작하신 구원을 완성하시어 주님의 성도들을 영적으로뿐만 아니라 육체적으로도 완전하게 하려 하시는 것입니다. 이것이 곧 부활입니다.

재림하시는 예수 그리스도는 피 뿌린 옷을 입고, 입에서 나오는 날카로운 검으로 만국을 치시는 분이시기 때문에 성도들은 주님의 재림을 무서워합니다계 19:13, 15. 그러나 주님의 심판의 다른 한편에는 교회의 구원이 있습니다. 계시록에서 묘사되는 교회는 세상의 핍박과 고난을 받고 있습니다. 주님은 고난받는 성도들의 탄원을 들으시고, 자기 신부인 교회를 구원하러 오시는 것입니다. 이 교회는 큰 환란을 통과하여 나온 자들입니다계 7:14. 그렇기에 예수 그리스도께서 재림하시고 난 후에 세워지는 영원한 나라의 특징은 바로 '위로'입니다. 저희는 하나님의 백성이 되고 하나님은 친히 저희와 함께 계셔서 모든 눈물을 그 눈에서 씻기신다고 합니다계 21:3-4. 이것은 하나님의 백성들이 이 땅에서 죄와 세상의 가치관으로 인하여 많은 고난을 받았음을 보여주는 것입니다. 그러므로 예수 그리스도의 재림은 성도들에게 영광의 날입니다. 성도들은 재림의 때까지 자신의 구원의 완성을 기다리며 이 땅에서 자신의 부패와 부족, 그리고 세상의 조롱과 불이익을 인내해야 하는 사명을 가지고 있습니다. 이렇게 인내하는 성도들을 온전한 구원으로 완성시키기 위해서 주님께서 다시 오시는 것입니다.

성경에서 말하는 성도들의 부활이 영광스럽다는 것은 그리스도의 영광에 참여하는 몸으로 부활할 것을 의미합니다. 예수께서 재림하실 때, 성도와 악인 모두가 함께 부활할 것이며, 영원히 살 수 있는 육체를 받을 것입니다. 성도들은 영광스럽고 거룩한 부활로 인하여 이 땅에서 누리지 못한 가장 복된 그리스도와의 친근하고 거룩한 교제를 누릴 것입니다. 그러므로 성도는 이 땅에서 담대하게 주의 말씀에 따라서 죽음도 이기지 못하는 삶을 삽니다.

교회의 고백과 찬양

고백과 찬양 ⑤

구원에 대하여

구원에 대하여

> "하나님이 세상을 이처럼 사랑하사 독생자를 주셨으니 이는 그를 믿는 자마다 멸망하지 않고 영생을 얻게 하려 하심이라" 요 3:16

하나님께로부터 창조된 사람은 죄로 인하여 타락하고 부패했습니다. 그러므로 어느 누구도 그분의 영광에 참여하기에 적합하지 않으며, 타락하고 부패한 인간에게 남아 있는 것은 오직 정죄와 영원한 심판뿐입니다. 하지만 긍휼이 많으신 하나님께서는 구원자 그리스도를 보내시어 죄악 속에 있는 그분의 백성들을 구원하고자 하셨습니다. 성경은 이렇게 말합니다.

"하나님이 세상을 이처럼 사랑하사 독생자를 주셨으니 이는 그를 믿는 자마다 멸망하지 않고 영생을 얻게 하려 하심이라."요 3:16

그래서 이 땅에 오신 그리스도께서는 하나님의 백성들을 위한 모든 구원 사역을 이루시고, 구원의 은혜를 예비하셨습니다. 우리는 앞에서 그리스도께서 어떠한 분이신지, 어떤 일을 하셨는지를 살펴봤습니다. 이제 살펴봐야 할 것은 구원자 그리스도께서 이루신 구속의 은혜가 하나님의 백성들에게 어떻게 적용되는가 하는 것입니다. 이것을 신학자들은 '구원의 서정' 혹은 '구원의 순서'라고 말합니다. 그러면 우리가 어떠한 구원의 은혜를 받는지 살펴보도록 하겠습니다.

🐟 성령 하나님의 첫 번째 사역
: 믿음을 주심

예수 그리스도께서는 이 땅에 오셔서 우리를 위하여 십자가에서 죽으시고 부활하심으로 모든 구원의 내용을 이루셨습니다. 그다음에 필요한 것은 그리스도께서 이루신 구원의 은혜에 우리가 참여하는 것입니다.

그러면 우리가 어떻게 그 구원에 참여하며, 은혜를 받아 누릴 수 있을까요? 성령 하나님이 아니시면 우리는 그리스도의 은혜에 참여할 수 없습니다. 그러면 예수 그리스도께서 보내주신 성령께서 우리에게 오시면 구체적으로 무슨 일을 하시는 것일까요?

예수께서 말씀하시기를 성령께서 오시면 죄에 대하여, 의에 대하여, 심판에 대하여 세상을 꾸짖으신다고 합니다 요 16:8. '죄에 대하여'라는 말은 예수님을 믿지 않은 죄를 가리킵니다. 그리고 '의에 대하여'는 그리스도께서 모든 의를 이루시고 아버지께로 돌아가신 것을 말합니다. 성령은 이 사실을 선포하십니다. 하나님이 성령을 보내셨을 때, 성령은 세상에게 '의'가 무엇인지 선고하고 계셨습니다. 또한 '심판에 대하여'는 이 세상 임금인 사탄이 예수님의 사역으로 인하여 심판받은 것을 말합니다 9-11절. 곧 성령의 오심은 다른 무엇보다도 세상을 향해 사탄의 시대가 끝났다고 선언하는 것이었습니다. 사탄은 십자가에서 이루어진 일에 의해 심판을 받았고 성령을 보내심을 통해 이 사실이 선포되었습니다. 이처럼 성령께서 오시면 이 내용들을 세상에 증거하신다고 합니다. 이로서 성령과 함께하는 사람은 자신의 악함을 깨닫고, 예수님의 구원 사역을 믿게 되는 것입니다. 이 내용을 예수께서는 다음과 같이 설명하셨습니다.

"그러나 진리의 성령이 오시면 그가 너희를 모든 진리 가운데로 인도하시리니 그가 스스로 말하지 않고 오직 들은 것을 말하며 장래 일을 너희에게 알리시리라 그가 내 영광을 나타내리니 내 것을 가지고 너희에게 알리시겠음이라." 요 16:13, 14

성령께서 오셔서 하시는 첫 번째 일은 죄인들이 자신의 비참함을 깨닫고 예수님을 향한 믿음을 가지게 하는 것입니다. 이것은 복음서를 보면 알 수 있듯이, 당시 바리새인들과 사두개인들은 예수님의 말씀을 듣고, 그분의 기적을 직접 보았습니다. 말씀과 기적은 예수께서 하나님께로부터 오셨다는 분명한 증거들이었습니다. 그러나 그들은 예수님을 구주로 믿을 수가 없었습니다. 왜냐하면 그들이 죄로 인하여 악해졌을 뿐만 아니라, 그들을 그리스도께로 인도하여 믿게 하시는 성령 하나님의 역사가 없었기 때문입니다. 그러나 성령께서 함께하시는 사람은 예수 그리스도를 믿고 그분의 말씀을 따릅니다. 그리스도를 믿는 것은 오직 성령께서 계셔야만 가능한 일입니다. 그래서 성경은 성령 하나님을 '양자의 영'이라고도 부릅니다갈 4:6. 그렇기에 우리가 예수로 말미암아 하나님을 아버지로 믿고 있다면 이미 우리 안에는 성령께서 내주하고 계신 것입니다.

이제 성령 하나님께서 오셔서 믿음을 주시는 것에 대해서 생각해야 할 것이 있습니다.

첫 번째로 성령 하나님이 안 계심에도 불구하고 믿음을 가지게 되는 경우는 없습니다. 어떤 사람들은 성령 하나님과 상관없이 믿음을 가질 수 있다고 생각하기도 합니다. 그래서 구원받은 후에 성령을 받기 위해서 노력해야 한다고 생각합니다. 그러나 그것은 성령 하나님에 대한 오해이며, 성령 하나님의 역사가 아니고서는 예수를 주라고 시인할 수 없습니다고전 12:3. 물론 성도는 자신과 함께하시는 성령님께 복종하기 위하여 더욱 기도하고 노력해야 하지만, 그렇다고 구원받은 자에게 성령께서 오시지 않았거나 오셨다가 떠날 수 있는 것은 아닙니다. 구원받은 자에게는 성령께서 내주해 계십니다.

두 번째로 성령께서 주시는 믿음은 신적인 것이지만, 성도는 이 믿음을 더욱 풍성하고 견고하게 만들기 위해 은혜를 구하며, 늘 하나님의 말씀을 가까이 해야 합니다. 믿음이란 믿음의 내용을 전제로 하고 있기 때문에, 우리가 믿음을 더욱 자라게 하기 위해서는 하나님의 말씀과 복음의 내용을 잘 이해하고 넓혀나가는 것이 중요합니다. 물론 우리의 믿음이 성장하기 위해서는 반드시 성령 하나님의 은혜가 필요합니다. 동시에 하나님의 말씀을 부지런히 읽고, 교회에서 선포되는 설교와 성경 공부에 참여하며, 찬양과 기도를 가까이 하면서 믿음의 재료를 자꾸 늘려나가는 것이 필요합니다. 믿음의 재료가 많아질수록 더욱 아름다운 믿음의 집을 지을 수 있을 것입니다.

성령 하나님의 두 번째 사역
: 그리스도와의 연합

성령 하나님께서 죄인에게 오셔서 믿음을 주실 때 반드시 하시는 일이 있습니다. 바로 '성도와 그리스도를 연합'하게 하시는 것입니다. 정확하게 말하면 믿음을 주시는 목적이 바로 '그리스도와 연합'*unio et communio cum Christo*을 이루기 위한 것입니다. '그리스도와의 연합'은 구원의 중심이자 뿌리입니다. '그리스도와의 연합'으로부터 모든 구원의 은혜가 나옵니다. 성령께서 주신 믿음은 '우리를 그리스도와 하나로 연합'하게 하는 끈입니다. 그러면 '그리스도와의 연합'이 무엇이며, 이것이 왜 필요한 것일까요?

구원은 그리스도께서 이루신 구원의 은혜에 '참여'하는 것입니다. 이에 대해서 설명한 신비한 말씀이 있습니다.

"말씀이 육신이 되어 우리 가운데 거하시매 우리가 그의 영광을 보니 아버지의 독생자의 영광이요 은혜와 진리가 충만하더라 우리가 다 그의 충만한 데서 받으니 은혜 위에 은혜러라." 요 1:14, 16

하나님께서 그리스도 안에 은혜와 진리를 충만하게 부어서 우리에게 주시고 우리는 그 충만하신 그리스도로부터 은혜와 진리를 나누어 받고 있다고 말씀합니다. 사도바울 선생님도 이와 비슷한 설명을 하셨습니다.

"또 만물을 그예수 그리스도의 발 아래에 복종하게 하시고 그를 만물 위에 교회의 머리로 삼으셨느니라 교회는 그의 몸이니 만물 안에서 만물을 충만하게 하시는 이의 충만함이니라." 엡 1:22, 23

사도바울께서는 그리스도께서 교회를 충만하게 하고 계시며, 그 충만이 넘쳐서 온 세상을 충만하게 만들고 계신다고 합니다. 하나님은 모든 구원의 은혜와 진리를 예수 그리스도께 주셨고, 우리는 그리스도와 연합되고 연결되어 그 은혜와 진리를 받고 있습니다. 마치 각 가정이 발전소와 연결되어 전기를 받는 것과 같고, 수원지에 연결되어 물을 공급받는 것과 같습니다. 이와 같이 예수 그리스도는 보좌 우편에 계시고 우리는 이 땅에 있지만, 성령 하나님으로 말미암아 우리가 그리스도께 연합되어 구원의 은혜를 받는 것입니다. '그리스도와의 연합'에는 두 가지 의미가 있습니다.

그리스도의 생명과 구원의 은혜를 누림

그리스도와 하나 되어 영적인 생명과 은혜의 관계를 가진다는 것입니다. 그리스도와 성도는 별도의 인격체이지만 하나로 연결되어서 그리스도의 생명을 누리는 관계가 되는 것입니다. 그래서 이런 연합을 '생명의 연합'이요, '유기적인 연합'이라고 합니다. 이는 신자가 누리는 영적 생명

이 주 예수 그리스도로부터 직접 나온다는 의미입니다. 그렇습니다. 우리
는 내주하시는 성령을 통해 그리스도에 의해 유지됩니다. 이에 대하여 요
한복음 15:1-6에서 예수님은 자신과 우리와의 관계를 '생명의 관계'로 말
씀하셨습니다. 예수님은 참 포도나무이시고, 우리는 그 나무에 접붙인 바
된 가지입니다. 가지는 포도나무와 하나가 되어서 나무로부터 생명을 받
습니다. 하지만 가지가 나무에서 떨어지면 아무런 생명을 누리지 못하고
말라 죽게 됩니다. 한 나무에 수많은 가지들이 있다 할지라도 모두 한 나
무로부터 나온 것과 마찬가지로 세상에는 셀 수 없는 성도들이 있지만,
그 성도들이 모두 그리스도와 연합되어 '구원의 생명'을 누리고 있습니다.

　땅에 있는 우리가 하늘 보좌에 계신 그리스도로부터 생명을 받아 누
리는 것이 어떻게 가능할까요? 그분과 우리를 연결시켜 주시는 성령 하
나님으로 인하여 하늘에 계신 그리스도의 몸과 이 땅에 있는 우리가 하
나 될 수 있는 것입니다. 그리스도와의 연합으로 인해서 우리는 '은혜와
진리'를 충만하게 받습니다요 1:16. 우리는 그리스도와 '생명의 관계'입니
다. 그리스도로부터 새 생명에 참여하는 것을 보통 중생 혹은 거듭남이
라고 부릅니다. 요한복음에 예수님께서 가르쳐주신 거듭남에 대하여 다
음과 같이 기록되어 있습니다.

"진실로 진실로 네게 이르노니 사람이 거듭나지 아니하면 하나님의
나라를 볼 수 없느니라."요 3:3

　예수님의 말씀을 들은 니고데모는 혼란스러워 합니다. '도대체 사람이
어떻게 다시 날 수 있다는 말인가?' 예수께서 다시 말씀하시기를 "사람
이 물과 성령으로 나지 아니하면 하나님의 나라에 들어갈 수 없다"요 3:5

라고 하셨습니다. 이것은 바로 죄인이 그리스도의 생명을 받아서 새로운 사람이 되는 것을 말씀하신 것입니다. 사도바울 선생님도 그리스도 안에서 죄인이 새 생명을 갖고 완전히 새로운 피조물이 된 것을 다음과 같이 말씀하셨습니다. "그런즉 누구든지 그리스도 안에 있으면 새로운 피조물이라 이전 것은 지나갔으니 보라 새것이 되었도다."고후 5:17 '거듭남'은 '거룩하게 됨'이라는 구원의 은혜와 연결됩니다.

그리스도의 권리와 자격을 누림

성도는 그리스도와의 연합함으로 그리스도의 권리와 자격을 누리는 관계입니다. 곧 법적인 의미에서 그가 행한 모든 것이 신자에게 적용되는 것입니다. 로마서 6:3-9에서 사도바울은 우리를 '그리스도와 함께 죽은 자' 그리고 '그리스도와 함께 산 자'로 규명하고 있습니다. 이것은 참으로 신비한 일입니다. 우리는 '죽은 적'이 없습니다. 또한 '다시 산 적'도 없습니다. 그러나 성경은 우리가 그리스도와 함께 죽고 살았다고 말합니다. 이것은 앞에서 말한 '생명의 관계'로도 설명될 수 있습니다. 예를 들어서 부부는 함께 권리와 자격을 누립니다. 물론 그리스도와 우리와의 관계는 이것보다도 더욱 영적인 긴밀함으로 이루어져 있기 때문에 정확한 예는 아니지만 어느 정도 이해를 갖게 해줄 것입니다. 고대에 왕과 결혼한 여인은 왕비가 되었습니다. 남편이 종이면 그 아내도 종이 됩니다. 즉, 배우자가 소유한 것을 함께 누리는 것처럼, 그리스도와 우리와의 관계도 그러합니다. 그리스도는 죄를 모르시는 분이지만, 우리와 연합됨으로 우리와 같은 죄인이 되셨습니다. 그래서 성경은 그분이 형벌을 받고 죽으신 것을 우리가 형벌을 받고 죽은 것으로 간주합니다. 놀라운 것은 우리는 결코 십자가 위에서 죽은 적이 없지만, 성경은 우리가 그리스도의 죽으심과 합했다고 말합니다. 더욱이 그리스도의 부활하심과 합하여 하나님 앞에서 새 생명으로 산 자가 되었습니다. 그리스도와 연합하여 '그리스도의 죽으심과 부활에 참여하는 것' 이것이 바로 우리가 누리고 있는 구원의 내용입니다.

그리스도와 성도와의 연합과 같은 영적 관계는 이 세상에 존재하지 않습니다. 세상에서는 어떤 사람이 다른 사람을 위해서 대신 벌을 받고 죽는다는 것이 불가능합니다. 그렇다면 예수님께서 우리를 위해서 죽으셨다는 것은 어떻게 가능할까요? 세상의 원리로는 불가능하지만 성경이 우리에게 알려주는 바, 그리스도와 성도의 영적인 연합으로만 그것이 가능합니다. 그리스도와 우리가 하나가 된다면 하나님 앞에서 그리스도의 죽음이 곧 우리의 죽음이 될 수 있습니다. 그리고 성경은 그 일이 일어났다고 말하면서, 고린도 전서에서는 그리스도께서 우리 모든 성도들의 '머리'가 되셨다고 말씀합니다. 우리 모두는 그리스도의 지체이고, 그리스도는 우리의 머리이십니다고전 12:27. 그렇기에 머리가 죽었을 때, 모든 몸들이 죽은 것과 마찬가지로 머리가 다시 살아났을 때, 모든 몸들이 살아납니다. 이것이 로마서에 있는 '우리가 그리스도의 십자가 안에서 죽었고, 그분의 부활 안에서 살아났다' 하는 말씀의 의미입니다.

성령 하나님으로 말미암은 '그리스도와 성도들과의 연합'은 성도에게 일어나는 모든 구원의 과정을 가능하게 합니다. 마치 뿌리에서 나무가 자라듯이, 그리스도로부터 나오는 모든 은혜가 우리 안에서 열매 맺게 됩니다. 이것을 적용하시는 분은 우리 안에서 역사하시는 성령 하나님이십니다. 성령은 연합을 이루고 신자를 믿음으로 인도합니다. 그리고 신자 안에 있는 믿음은 점점 더 연합을 바라고 그 연합이 유지되게 합니다. 이 믿음은 점점 더 주님의 충만하심에 다가가며, 신자가 연합의 진리를 더 많이 깨닫게 될수록 점점 더 그 충만함에 다가가게 됩니다. 이것이 구원의 과정이고 내용입니다. 그러면 그리스도께로부터 어떤 구원의 은혜가 나오는지를 순서대로 살펴보겠습니다.

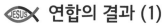 연합의 결과 (1)
: 의롭게 됨

우리가 의인이 되어야 하는 이유

그리스도와 연합되었을 때 주시는 여러 가지 구원의 은혜들 중에서 먼저 생각할 것은 바로 '칭의', 즉 '하나님께서 우리를 의롭다 하신 것'입니다. 하나님께서는 오직 의인만을 그분의 백성과 자녀로 받으실 수 있습니다. 하나님께서는 사랑의 하나님이시며 동시에 의로우신 분이십니다. 그분은 죄를 미워하시며, 죄인을 반드시 심판하시는 분이시고 우리 모두는 아담 안에서 타락하여 하나님의 진노 아래에 있게 되었습니다. 그렇기 때문에 하나님께서는 구원을 얻게 하실 자들을 먼저 '의롭다 하셔서' 받으실 만한 자로 만드시고 모든 구원의 과정들을 가능하도록 하십니다.

의인이 되려면 먼저 죄 사함을 받아야 하고 모든 율법을 지켜야 함

우리가 의인이 되기 위해서는 두 가지가 필요합니다. 하나는 우리의 모든 죄가 사함을 받아야 합니다. 하나님께서는 죄가 있는 사람을 결단코 의롭다 하지 않으시므로 우리의 모든 죄가 사함을 받아야 합니다. 그러나 이것으로 충분하지 않습니다. 한 가지가 더 필요합니다. 그것은 하나님의 모든 율법을 지킴으로 의를 이루어야 합니다. 죄가 없는 자는 죄가 없는 것일 뿐 '의인'이라고 하지 않습니다. 하나님 앞에서 '의인'은 그분의 율법을 모두 지킨 자여야 합니다. 다시 말하면 의인은 죄와 부패가 없는 자여야 하고 또한 모든 율법을 지킨 자여야 합니다. 하나님께서는 그렇게 의인인 자를 용납하시며 자신의 백성으로 삼으십니다. 그러면 여기서 문제가 있습니다. 우리의 힘으로는 죄와 부패를 해결할 수도 없고, 의를 행하는 것은 더욱 불가능합니다. 우리는 자신의 죄 문제를 해결하기는커녕 날마다 늘어가는 죄를 감당할 수가 없습니다. 그러면 어떻게 해야 할까요?

의인이 되려면 그리스도와 연합함

우리가 의인이 되기 위해서는 누군가가 우리의 부패와 죄를 해결해 주어야 합니다. 마치 큰 빚을 진 사람의 부채를 부자가 나타나서 해결해 주는 것과 같습니다. 그리고 성경은 이 큰 빚죄와 부패을 해결해 주러 오신 분이 바로 구원자 예수 그리스도라고 말합니다.

"이제는 율법 외에 하나님의 한 의가 나타났으니 율법과 선지자들에게 증거를 받은 것이라 곧 예수 그리스도를 믿음으로 말미암아 모든 믿는 자에게 미치는 하나님의 의니 차별이 없느니라." 롬 3:20, 21

우리의 힘으로 율법을 지켜 의인이 될 수 없기에 다른 의가 나타났는데, 그 의는 예수 그리스도께서 주시는 '의'입니다. 예수님은 부패와 죄가 없으신 분이시며, 이 땅에 계시는 동안에 온전히 하나님의 율법을 지키신 분이었습니다. 그렇다면 그분의 의가 어떻게 우리의 의가 될 수 있을까요?

여기서 우리는 '그리스도와의 연합'을 생각해야 합니다. 독일의 종교 개혁자인 마틴 루터는 그리스도의 의가 어떻게 우리의 것이 되는지를 이렇게 설명했습니다. 그리스도께서 우리와 '신비적 연합'을 이루어 하나가 되셨습니다. 그래서 그리스도가 우리의 모든 죄를 지시고 십자가 위에서 죽으심으로 우리의 죗값을 치르셨고, 율법을 행하여 이루신 그 의가 우리의 것이 되었다는 것입니다. 루터의 해석은 어떻게 그리스도의 죽으심과 부활이 우리의 의와 생명이 될 수 있는지를 잘 설명하고 있습니다. 그리스도께서 우리의 모든 죄를 지시고 십자가 위에서 죽으셨기 때문입니다요 1:29. 그리고 그분이 이루신 모든 의를 우리에게 주셨습니다. 그러므로 우리는 하나님 앞에서 온전한 의를 행한 적이 없고, 행할 수도 없는 사람이지만 그리스도 안에서 의인이 되었습니다. 그래서 우리는 이것을 '죄인을 의롭다 하심', 즉 '칭의'라고 부릅니다.

의롭다 하심에 대한 오해

여기에서 칭의에 대한 잘못된 생각 하나를 짚고 넘어가고자 합니다. 칭의는 우리를 본질적으로 의롭게 만들어주는 것은 아닙니다. 하나님께서 의롭다고 하셨을지라도 아직도 여전이 우리에게는 부패가 남아 있습니다. 이것에 대해서 성경은 이렇게 말합니다.

"만일 우리가 우리 죄를 자백하면 그는 미쁘시고 의로우사 우리 죄를 사하시며 우리를 모든 불의에서 깨끗하게 하실 것이요 만일 우리가 범죄하지 아니하였다 하면 하나님을 거짓말하는 이로 만드는 것이니 또한 그의 말씀이 우리 속에 있지 아니 하니라."요일 1:9, 10

성도는 의롭게 된 다음에도 여전히 죄를 범합니다. 물론 죄인이 성도가 되기 전과 된 후를 비교해 볼 때, 죄에 대하여 본질적인 변화가 있습니다. 성도는 더는 죄에 종노릇하는 존재가 아닙니다. 하지만 본질로부터 새롭게 되었음에도 불구하고 여전히 부패가 남아 있고 죄를 짓는 성향이 있습니다. 하지만 하나님께서는 아직도 부패함이 남아 있는 우리를 의인으로 보신다는 것입니다. 그렇기에 칭의는 본질적으로 신자가 의롭게 되는 것이 아니라, 의롭다고 선포되는 것입니다. 그런 면에서 칭의는 법적인 혹은 법정적인 것입니다. 그것은 자신의 율법을 집행하는 재판관이신 하나님이 그리스도의 의로 인해 율법에 대해 만족하셨다고 말씀하시는 것입니다. 그러기에 칭의는 나의 실제 지위나 내면의 상태와는 아무런 관계가 없습니다. 하나님 앞에 섰을 때 나의 위치나 나의 지위, 하나님이 나를 어떻게 보시느냐와 관계있는 것입니다. 이것이 칭의에 대한 성경적 교리입니다. 그래서 성경은 '의롭게 된 것'을 종종 흰옷에 비유합니다. 우리가 더러운 몸을 가지고 있다고 할지라도 그 위에 흰옷을 입으면 더러운 것이 하나도 보이지 않게 되는 것과 같습니다. 하나님께서는 우리에게 그리스도의 공로라는 흰옷을 주셔서 우리의 더러움을 모두 가려주셨습니다. 그러면 우리 안에 남아 있는 부패와 죄를 향한 성향은 어떻게 해야 할까요? 그것은 다음에 살펴볼 '거룩하게 하심'에서 생각해 보겠습니다.

의롭다 하심의 결과

그리스도께서 우리를 의롭게 만드심으로 우리는 모든 죄를 향한 하나님의 진노와 심판에서 벗어날 수 있게 되었습니다. 성도가 하나님 앞에서 의로운 자가 되어 죄와 사망의 법에서 해방되었기 때문입니다.

"그러므로 이제 그리스도 예수 안에 있는 자에게는 결코 정죄함이 없나니 이는 그리스도 예수 안에 있는 생명의 성령의 법이 죄와 사망의 법에서 너를 해방하였음이라."롬 8:1, 2

'죄와 사망의 법에서 해방되었다'는 것은 죄를 범했을 때, 저주와 사망에 처해야 하는 원리에서 벗어났다는 것입니다. 더는 죄가 우리를 형벌과 심판으로 밀어넣지 못합니다. 하나님께서 성도들을 마치 죄를 짓지 않고 모든 율법을 수행한 의인처럼 대해주시므로, 우리는 하나님 앞에 당당히 나아가서 그분의 은혜를 구할 수 있는 자가 되었습니다. 그러므로 여러분들이 지금 당장이라도 이 생生이 끝나고 하나님 앞에 섰을 때, 영광에 들어갈 수 있는 자가 되었습니다. 이것은 성도가 처음에 예수를 믿었을 때 십자가 밑에서 누리는 구원의 감격입니다.

이뿐만 아니라 하나님께서는 의롭게 된 자에게 말할 수 없는 은혜를 베풀어주십니다. 하나님께서는 의인을 기뻐하시며, 그의 간구를 외면하실 수 없기 때문입니다. 여기에서 잊지 말아야 할 것은 우리가 '의인'이 된다는 것은 '그리스도 안에서' '그리스도와 연합하여' 이루어진 일이고, 지금도 유지되고 있는 일이라는 사실입니다. 성도는 자신의 힘이 아니라 그리스도의 공로로 의롭게 되는 것이기에 그리스도의 공로를 의지하지 않고, 우리 자신의 자격과 행위로 하나님 앞에 나아가려고 한다면, 우리는 다시 심판받아서 마땅한 죄인의 신분으로 추락할 것입니다. 우리가 하나님 앞에서 의인으로 인정받는 것은 오직 믿음으로 그리스도 안에 있을 때뿐입니다. 이에 대해서 잘 설명하고 있는 성경이 갈라디아서입니다. 갈라디아 교회 성도들은 처음에는 사도바울이 전하여준 예수 그리스도의 복음을 듣고 은혜로 말미암는 구원을 확신하였습니다. 그러나 외부에서 들어온 거짓 교사들로 인하여 갈라디아 교회 성도들은 예수님을 믿는 믿음에 더하여 '할례'를 받아야 한다고 주장했습니다갈 2:3, 4. 이러한 소식을 들은 사도바울은 격분하여 성도들을 심하게 꾸짖습니다.

"어리석도다 갈라디아 사람들아 예수 그리스도께서 십자가에 못 박히신 것이 너희 눈앞에 밝히 보이거늘 누가 너희를 꾀더냐 내가 너희에게서 다만 이것을 알려 하노니 너희가 성령을 받은 것이 율법의 행위로냐 혹은 듣고 믿음으로냐 너희가 이같이 어리석으냐 성령으로 시작하였다가 이제는 육체로 마치겠느냐."갈 3:1-3

우리는 모두 예수 그리스도를 믿고 그리스도 안에서 의롭다 함을 받고 구원을 얻었습니다. 그러므로 우리가 구원받은 다음에라도 우리의 어떤 자격, 어떤 선행으로 하나님께 나아가려고 한다면 그것은 스스로를 율법 아래로 떨어뜨리는 것입니다. 그러므로 우리가 하나님 앞에 나아갈 수 있는 의로움은 오직 그리스도 안에서 누릴 수 있는 은혜입니다. 우리는 그리스도의 공로를 힘입어 의롭게 되었으며, 우리가 영원토록 찬양하고 자랑할 내용 역시 그리스도께서 우리의 지혜와 의로움과 거룩함이 되셨다는 사실입니다고전 1:30.

연합의 결과 (2)
: 하나님의 자녀 됨

하나님께서 자신의 백성들을 의롭다 하신 이유는 그를 높은 영광의 자리로 올리시기 위한 것입니다. 그것은 바로 그들을 '하나님의 자녀' 곧

'영생의 상속자'의 위치에 올려놓으시는 것입니다. 성경은 다음과 같이 말합니다.

"영접하는 자 곧 그 이름을 믿는 자들에게는 하나님의 자녀가 되는 권세를 주셨으니"요 1:12

그리스도를 믿는 자에게 '하나님의 자녀'라는 권세와 직위를 주시겠다는 놀라운 말씀입니다. 성경은 우리가 자녀가 되었기 때문에 하나님을 향하여 '아빠 아버지'라고 부를 수 있다고 합니다롬 8:15. 성령 하나님은 '양자의 영'이라고 불리우십니다. 성령 하나님께서 거주하시는 성도는 하나님을 '아버지'라고 고백합니다. 또 우리의 자녀 됨에 대한 성경의 독특한 표현은 예수님을 '맏아들'이라고 부르는 것입니다. "이는 그로 많은 형제 중에서 맏아들이 되게 하려 하심이니라."롬 8:29 이것은 참으로 특별한 표현입니다. 왜냐하면 성자께서는 하나님의 유일하신 아들이시지만 구원받은 성도들도 하나님 자녀의 반열에 올랐기 때문에 그분을 '맏아들'이라고 부르는 것입니다. 물론 그렇다고 해서 우리가 성자 하나님과 같이 '본질적인' 하나님의 아들이 되는 것은 아닙니다. 성부, 성자, 성령께서는 영원하신 하나님이시고, 우리는 피조물에 불과하기 때문입니다. 그러면 이 '자녀 됨'의 특권으로 우리가 받는 은혜는 무엇일까요?

하나님의 돌보심으로 땅의 필요를 공급받음

이 땅에 살면서 누리는 모든 필요한 것을 하나님 아버지께로부터 받아 누리게 됩니다. 하나님께서 우리의 아버지가 되신다는 말씀은 부모가 자녀를 돌보듯이 이 땅에서 성도에게 필요한 모든 것을 공급해 주신다는 말씀입니다. 이에 대해서 예수님께서는 산상수훈에서 아주 분명하게 말씀해 주셨습니다.

> "오늘 있다가 내일 아궁이에 던져지는 들풀도 하나님이 이렇게 입히시거든 하물며 너희일까 보냐 믿음이 적은 자들아 그러므로 염려하여 이르기를 무엇을 먹을까 무엇을 마실까 무엇을 입을까 하지 말라 이는 다 이방인들이 구하는 것이라 너희 하늘 아버지께서 이 모든 것이 너희에게 있어야 할 줄을 아시느니라." 마 6:30-32

우리가 누리는 햇빛과 비, 그리고 곡식과 마음에 기뻐하는 모든 것들이 하나님의 손에서부터 옵니다. 이것을 인정하는 것이 성도가 예배 때 드리는 헌금현상입니다. 헌금은 하나님께서 우리를 육적으로 돌보신다는 사실을 인정하고 감사하는 행위입니다.

하나님의 돌보심으로 거룩과 승리의 삶을 살아감

이 땅에서 살면서 성도에게 필요한 모든 영적인 은혜 역시 아버지 하나님께로부터 옵니다. 하나님은 우리의 육신의 보호자가 되실 뿐만 아니라, 우리의 영혼의 아버지이십니다. 그분은 그리스도 안에서 우리를 의롭다 하셨을 뿐만 아니라, 우리의 거룩함을 이루십니다. 우리는 날마다 죄에 대해서는 죽고 의에 대해서 사는 은혜를 받으며, 하나님의 말씀과 위로로 인하여 이 땅에서 살아갈 힘을 얻습니다. 성도는 고난 중에도 인내할 수 있는 힘을 얻으며, 오히려 그러한 고난이 성도의 거룩함을 이루는 기적을 봅니다. 사탄과 죄악이 성도를 공격한다고 할지라도 아버지 되신 하나님께서는 그를 보호하시며 고난 속에서도 넉넉히 승리하게 하십니다.

"그러나 이 모든 일에 우리를 사랑하시는 이로 말미암아 우리가 넉넉
히 이기느니라 내가 확신하노니 사망이나 생명이나 천사들이나 권세
자들이나 현재 일이나 장래 일이나 능력이나 높음이나 깊음이나 다
른 어떤 피조물이라도 우리를 우리 주 그리스도 예수 안에 있는 하나
님의 사랑에서 끊을 수 없으리라." 롬 8:37-39

기도에 응답을 누림

우리는 중보자이신 그리스도로 인하여 하나님께 나아가 담대히 기도
할 수 있으며, 하나님께서는 그 기도에 반드시 응답하십니다. 큰 소리로
하는 기도, 작은 소리로 하는 기도, 눈물로 하는 기도, 담담하게 하는 기
도, 이 모든 기도가 응답되는 이유는 하나님께서 우리를 사랑하시는 아
버지이시며, 그 아들 예수 그리스도의 이름으로 기도하기 때문입니다.

하나님의 사랑에서 끊어지지 않음

하나님께서 아버지가 되시기 때문에 성도는 그분의 무조건적인 사랑
에서 끊어지지 않습니다. 세상에서 가장 고귀하고 희생적인 사랑을 든다
면 부모의 사랑일 것입니다. 하나님께서는 부모의 사랑보다 더 크고 영
원한 사랑으로 성도들을 사랑하십니다. 성경은 이러한 하나님의 사랑에
대해서 여러 가지 증거 구절을 제시해 주고 있습니다.

"여인이 어찌 그 젖 먹는 자식을 잊겠으며 자기 태에서 난 아들을 긍
휼히 여기지 않겠느냐 그들은 혹시 잊을지라도 나는 너를 잊지 아니
할 것이라." 사 49:15

성경이 다른 어떤 피조물 심지어 죄와 죽음과 사탄마저도 우리를 하나님의 사랑에서 끊을 수 없다고 고백하기 때문에 교회는 성도의 구원이 실패하지 않는다고 믿습니다. 이것을 '성도의 견인'참고 인내함이라고 하는데, 이는 성도가 이 땅에서 고난을 받을지라도 참고 인내하여 그의 구원에서 떨어지지 않는다는 것입니다. 우리가 '성도의 견인'에서 기억해야 할 것은 성도가 강하고 능력이 있기 때문에 구원에서 떨어지지 않는다는 말이 아니라 우리를 구원하신 하나님께서 전능하시며, 그분의 성도들을 변치 않고 사랑하시기 때문이라는 것입니다. 성도의 믿음은 이것입니다.

"너희 안에서 착한 일을 시작하신 이가 그리스도 예수의 날까지 이루실 줄을 우리가 확신하노라."빌 1:6

우리는 하나님의 자녀가 되었기에 하나님의 사랑이 변하지 않으며, 우리의 모든 죄악과 사탄의 권세를 능히 이길 수 있음을 확신합니다. 우리 아버지는 전능하신 분이시기 때문입니다.

연합의 결과 (3)
: 거룩해짐

그리스도와 연합됨으로 누리는 세 번째 은혜는 '거룩함'입니다. 하나님께서 우리를 의롭게 하셨으며, 우리는 하나님이 보시기에 의로운 자들입니다. 그러나 의롭게 되었다고 하여서 우리가 하나님이 만족하실 만큼 거룩해진 것은 아니기에 하나님께서는 날마다 구원의 은혜를 더하셔서 하나님의 자녀가 된 성도들이 그 자녀에 합당한 믿음과 거룩한 인격을 갖추도록 자라가게 하십니다. 성도들이 하나님의 성숙한 자녀로 자라가는 과정을 '성화', 즉 '거룩해짐'이라고 부릅니다. 왜 성도에게 이러한 거룩해지는 과정이 필요한 것일까요?

성화란 무엇인가?

아이들이 태어나고 자라는 것을 생각해 보겠습니다. 어머니가 새 생명을 잉태하고 십 개월을 채우면 아주 귀엽고 생명력이 넘치는 아기가 태어납니다. 아기는 손가락, 발가락, 눈, 귀, 코 등등 어른과 동일한 모든 신체를 가지고 있고 충만한 생명을 가지고 있습니다. 하지만 그렇다고 해서 아직 아기가 온전한 것은 아닙니다. 몸도 마음도 자라서 혼자서 생각하고 판단하고 행동을 할 수 있는 성인으로 자라가야 합니다. 또 이 성화는 입양받은 거지 왕자로도 비유할 수 있습니다. 거지였던 아이가 왕에게 입양된다면 이 아이는 입양된 순간 왕의 자녀, 즉 왕자 혹은 공주가 됩니다. 그러나 그가 공주와 왕자라는 신분에 들어간 것으로 충분하지 못하며 왕족이 되는 수업을 받아야 합니다. 거지 때 행했던 모든 생각과 습관을 버리고 왕실에 합당한 예절과 생활 습관을 들여야 하고, 왕이 될 자라면 그 자리에 합당한 모든 것을 갖추는 각종 훈련을 받아야 합니다. 왕이 갖출 인격을 배우고, 역사를 익히고, 군대를 지휘할 수 있어야 하고, 통치술을 배워야 합니다. 이것은 대단히 고된 일이지만 그가 왕의 아들과 딸로서 반드시 거쳐야 할 영예로운 과정입니다. 성화는 이와 같습니다.

성경의 역사에는 성화에 대해서 보여주는 중요한 사건이 있습니다. 그것은 바로 이스라엘 백성들이 출애굽한 후에 하나님께서 하신 말씀입니다.

"세계가 다 내게 속하였나니 너희가 내 말을 잘 듣고 내 언약을 지키면 너희는 모든 민족 중에서 내 소유가 되겠고 너희가 내게 대하여 제사장 나라가 되며 거룩한 백성이 되리라." 출 19:5, 6

하나님께서 이스라엘 백성을 출애굽시키신 것은 단순히 그들을 바로의 압제에서 자유롭게 하는 것을 목적으로 하지 않으셨습니다. 하나님께서 이스라엘 백성들을 압제에서 건지신 이유는 그들을 그분의 '제사장 나라와 거룩한 백성'으로 삼으시기 위한 것입니다. 이것을 이루시기 위해서 하나님께서는 백성들이 따라야 할 거룩한 율법과 그들의 터전인 가나안 땅을 주신 것입니다. 이스라엘 백성들의 출애굽과 교회 시대의 성도의 구원은 동일한 목적을 가지고 있습니다. 성도는 죄와 사망의 권세로부터 자유를 얻었습니다. 이것은 참으로 기쁘고 감사한 일이지만, 이것이 구원의 전부가 아닙니다. 하나님께서 그리스도를 주셔서 죄인들을 구원하신 목적은 그들로 하여금 거룩한 하나님의 백성, 그리스도를 따르는 성숙한 제자들이 되게 하시는 것입니다.

그러면 '거룩하게 하심'은 어떤 원리로 이루어질까요? 우리는 영적으로 하나님의 자녀가 되었습니다. 앞에서 이미 말씀드린 바와 같이 우리가 그리스도를 믿고 그분과 연합되었을 때, 우리 모두는 새사람으로 '거듭나는 역사'를 경험했습니다. 이것을 중생 혹은 거듭남이라고 한다고 하였습니다. 그리스도 안에서 받은 새 생명이 시작된 것입니다. 이 새 생명은 위에서 예를 든 것처럼 장성한 어른의 분량으로, 하나님의 거룩한 자녀로 자라가는 것이 필요합니다. 하나님의 말씀을 충만하게 알고 그분을 경외하며, 죄와 부패를 멀리하고, 이웃을 사랑하는 그리스도를 닮은 거룩한 인격으로 성장해 가는 것입니다. 이것이 거룩해짐, 곧 성화입니다.

성화는 성령 하나님의 역사

우리 안에 성화를 이루시는 분은 성도 안에 내주하시는 '성령 하나님'이십니다. 삼위 하나님 아버지, 아들, 성령께서 모두 거룩하십니다. 그러나 굳이 성령 하나님이 이름이 '거룩한 영'인 이유는 그분의 사역이 백성들을 거룩하게 하는 일을 하시기 때문입니다. 성령께서는 그분의 백성들에게 끊임없는 생명력과 감화를 주셔서 그들을 조금씩 자라가게 하시며 바꿔가십니다. 이 성령 하나님의 사역은 마치 어린아이를 키우는 어머니와 비슷합니다. 어머니는 항상 어린아이의 옆에 있으면서 그를 사랑으로 먹이고 안아주고 달래주고 격려하고, 때로는 잘못을 지적하고 꾸짖으면서 아이를 키워갑니다. 어머니가 없다면 아이의 몸과 마음은 제대로 성장하지 못할 것입니다. 이와 동일하게 성령 하나님께서는 성도들과 함께하시면서 그들을 격려하시고 권면하시면서 이끌어가십니다. "보혜사 곧 아버지께서 내 이름으로 보내실 성령 그가 너희에게 말한 모든 것을 가르치고 내가 너희에게 말한 모든 것을 생각나게 하리라."요 14:26 성령께서는 우리와 함께하시는 하나님이십니다.

그런데 성령께서 성화를 이루어가신다고 할 때 주의할 것이 있습니다. 그것은 바로 성령께서 '우리를' 성화의 대상으로 끌어가신다는 사실입니다. 우리가 거룩을 이룰 때 예배드리고, 말씀 보고, 기도하고, 때로 선행과 봉사도 합니다. 그리고 이러한 일들을 할 때에 우리는 우리 안에 일어나는 소망과 뜻에 따라서 하게 됩니다. 말씀을 보고 싶고 기도를 하고 싶다는 것은 분명히 우리의 욕구이긴 하지만 성경은 이러한 모든 거룩하고 선한 소원들이 성령 하나님께서 주신 것이라고 가르칩니다.

"너희 안에서 행하시는 이는 하나님이시니 자기의 기쁘신 뜻을 위하여 너희에게 소원을 두고 행하게 하시나니 모든 일을 원망과 시비가 없이 하라." 빌 2:13, 14

그러므로 우리가 선행을 행하고 거룩을 이루기 위하여 힘쓰는 것이지만, 그것을 할 수 있도록 힘과 소원을 주시는 분은 바로 성령 하나님이십니다. 그렇기에 성화는 성령 하나님께서 주인이 되사 우리 안에 이루시는 거룩한 사역입니다.

성화의 기준과 목적 그리고 수단들

성화의 기준과 목적은 바로 우리 주이신 예수 그리스도의 말씀과 인격입니다. 모든 종교가 각자의 거룩함을 추구하지만, 그 거룩함이 다 옳은 것은 아닙니다. 하나님께서 우리에게 주신 거룩의 유일한 기준은 예수 그리스도의 말씀이기 때문입니다. 성도에게 있어서 최고의 기준과 모범은 하나님의 아들이신 예수 그리스도이십니다. 그분이 이 땅에서 보여주신 생각과 말과 행동은 하나님께서 창조하신 사람을 통하여 구현하려고 하셨던 최고의 모습이었습니다. 예수님의 모든 언행은 하나님께서 기뻐하시는 것이었고 율법을 성취하시는 것이었습니다. 그렇기에 성도의 소망은 하나님께서 주신 최고의 모범이신 예수 그리스도를 닮는 것이고, 그분에게까지 자라가는 것입니다.

"오직 사랑 안에서 참된 것을 하여 범사에 그에게까지 자랄지라 그는 머리니 곧 그리스도라." 엡 4:15

우리 주 예수 그리스도를 통하여 이루고자 하시는 것은 세상의 윤리나 도덕을 뛰어넘는 것입니다. 그것은 창조주이신 하나님께서 그분의 백성들을 통하여 이루고자 하셨던 거룩한 뜻이기 때문입니다.

그렇다면 성화를 이루기 위해서 하나님께서 우리에게 주신 수단들에는 무엇이 있을까요? 가장 중요한 것은 성령 하나님의 역사입니다. 성령하나님께서 말씀으로 우리의 생각과 행동을 거룩하게 바꾸어가십니다. 그러나 성령께서 우리를 거룩하게 만드실 때 사용하시는 것이 있습니다. 그것이 바로 하나님의 말씀입니다. 하나님의 말씀은 교훈과 책망과 바르게 함과 의로 교육하기에 유익합니다고후 3:16. 말씀만이 하나님의 뜻과 구원의 은혜를 보여줍니다. 그렇기에 성도들은 그리스도의 말씀을 부지런히 배우며, 그 말씀대로 살기를 노력합니다. 성도를 거룩하게 하는 수단에는 말씀 이외에도 예배, 기도, 찬양 등이 있습니다. 잊지 말아야 할것은 우리의 삶이 곧 성도를 거룩하게 만드시는 훈련장이라는 사실입니다. 그리고 교회에서 직분을 맡고, 교사를 하고, 봉사를 하는 것은 성도를 거룩하게 하며 그리스도를 닮게 하는 중요한 수단입니다. 그리스도께서 다양한 사람들에게 직분을 주시는데 이는 성도를 온전하게 하여 봉사의 일을 하게 하며 그리스도의 몸을 세우려 하심이라 우리가 다 하나님의 아들을 믿는 것과 아는 일에 하나가 되어 온전한 사람을 이루기위한 것이라고 합니다엡 4:12, 13. 성도는 봉사를 하면서 그리스도의 마음과 인격을 배우며 거룩을 이루어갑니다.

세상에서 하는 선행도 마찬가지입니다. 성도의 삶은 교회 안에만 있지 않고, 세상 속에도 있습니다. 오히려 성도는 세상에서 더 많은 시간을 보내기에 성경은 성도로 하여금 세상에서 살아가면서 빛과 소금의 역할을 감당하고, 제사장의 역할을 해주기를 바라고 있습니다벧전 2:9. 성도가 가정에서, 학교에서, 직장에서 믿지 않는 사람들을 그리스도의 마음으로 섬기며, 그들을 복음으로 초대하는 것이야말로 거룩을 이루는 좋은 방법입니다.

죄와 싸우며 자기를 부인함

'거룩하게 됨'이라는 과정에서 우리가 반드시 기억해야 할 두 가지 내용이 있습니다. 첫 번째 성화는 죄와 싸우는 과정이라는 사실입니다. 사도바울 선생님은 거룩하게 되는 것은 죄에 대하여 죽고 하나님에 대하여 사는 것이라고 말하였습니다롬 6:11. 그러므로 우리가 선을 행할 뿐만 아니라, 반드시 죄와 멀리하는 자가 되어야 합니다. 우리는 그리스도로 말미암아 죄의 권세에서 벗어난 자들이기에 죄와 싸우며 저항할 수 있습니다. 그러나 우리는 이렇게 죄에 대항하여 싸우는 것에 대해서 종종 오해를 합니다. 우리가 아직은 죄를 범할 수밖에 없는 존재라는 생각을 하다 보니 죄에 대해서 관대해지는 경향이 있습니다. 그러나 이것은 옳지 않습니다. 거룩하게 된 자는 죄와 함께할 수 없습니다. 그래서 사도바울 선생님은 성도들에게 강력하게 권면합니다. 음행과 온갖 더러운 것과 탐욕은 너희 중에서 그 이름조차도 부르지 말라 이는 성도에게 마땅한 바니라 너희도 정녕 이것을 알거니와 음행하는 자나 더러운 자나 탐하는 자 곧 우상숭배자는 다 그리스도와 하나님의 나라에서 기업을 얻지 못할 것이라고 말입니다엡 5:3, 5. 성도가 매일 그리스도께 가까이 나아가고 그분을 닮는다면 점점 더 죄를 멀리하며, 죄와 싸우게 될 것입니다. 죄를 어쩔 수 없이 범할지라도 그 죄를 줄여나가기 위해서 애쓰며 자신의 부패한 모습으로 인하여 한탄하여 몸의 구원을 기다리는 것롬 8:23, 이것이 성도의 모습입니다.

두 번째로 거룩해짐의 중요한 내용에는 '자기 부인'이 있습니다. 예수께서는 다음과 같이 말씀하셨습니다.

"이에 예수께서 제자들에게 이르시되 누구든지 나를 따라오려거든 자기를 부인하고 자기 십자가를 지고 나를 따를 것이니라 누구든지 제 목숨을 구원하고자 하면 잃을 것이요 누구든지 나를 위하여 제 목숨을 잃으면 찾으리라." 마 16:24, 25

여기서 '자신을 부인한다는 것'은 스스로의 부패와 죄악을 알기 때문에 자신의 뜻과 자랑과 능력을 내려놓는 것을 말합니다. 우리는 본래 하나님이 보시기에 부패한 자들이며, 그분을 기뻐하시게 할 만한 것이 없음을 인정하는 것입니다. 이것이 바로 '자기 부인'입니다. 자기 부인이 없는 신앙생활이 얼마나 위험한 것인지는 복음서에 기록된 바리새인들을 통해서 볼 수 있습니다. 바리새인들은 모든 경건행위를 가지고 자신들의 의와 자랑으로 삼았습니다. 그들은 이렇게 기도했습니다.

"하나님이여 나는 다른 사람들 곧 토색, 불의, 간음을 하는 자들과 같지 아니하고 이 세리와도 같지 아니함을 감사하나이다." 눅 18:11

그들에게는 하나님께 드리는 기도, 금식, 종교 행위들이 모두 하나님의 긍휼을 구하는 행위가 아니라, 자신들의 자랑거리였습니다. 그래서 경건을 행하면 할수록 교만해졌고 다른 사람들을 무시했습니다. 그리고 그들의 교만을 꾸짖는 예수님마저 비난하고 결국 십자가에 못 박았습니다. 사도바울은 예수님을 거절한 유대인들을 다음과 같이 평가했습니다.

"내가 증언하노니 그들이 하나님께 열심이 있으나 올바른 지식을 따른 것이 아니니라 하나님의 의를 모르고 자기 의를 세우려고 힘써 하나님의 의에 복종하지 아니하였느니라." 롬 10:2, 3

만약 성도가 자기 부인이 되지 않은 상태로 신앙생활을 하게 되면 '자기 의'를 세우려고 하게 됩니다. 그리고 '자기 의'를 세우는 자들은 결국 '하나님의 의', 즉 복음의 의를 버리게 됩니다. 나의 생각, 나의 말, 행동에는 항상 부패한 것이 있기 때문에 하나님의 은혜를 구하며, 참 신앙은 자기를 드러내지 않고 오직 그리스도의 사랑과 구원을 자랑하는 것입니다. 우리는 항상 주님께서 하신 이 말씀을 기억해야 합니다.

"이와 같이 너희도 명령받은 것을 다 행한 후에 이르기를 우리는 무익한 종이라 우리가 하여야 할 일을 한 것뿐이라 할지니라." 눅 17:10

아멘.

성도의 성화는 이 땅을 떠날 때까지

성도가 거룩해지는 과정은 이 땅에서는 끝나지 않습니다. 성도가 생명을 마치고 영원한 나라에 들어가는 그날까지 거룩하게 됨은 계속되는 것입니다. 이것은 두 가지를 알려줍니다. 첫 번째로 우리의 부패와 죄가 이 땅에서는 끝나지 않는다고 하는 것입니다. 우리는 하나님 앞에서 거듭난 자이지만, 세상에 사는 날까지 죄의 간섭과 부패의 영향을 받고 있습니다. 그렇기에 성도가 이 땅에 있는 동안에는 계속되는 죄와 부패, 그리고 세상의 가치관과 싸우는 삶을 살아야 합니다. 우리는 이 땅에서 완전한 성화를 이룰 수 없습니다. 만약 이 땅에서 완전한 성화를 이룰 수 있다면 예수께서 우리를 구원하시기 위하여 세상에 다시 오실 필요가 없을 것입니다. 두 번째로 영원한 나라에 들어갈 때까지 성도의 싸움은 계속된다는 것입니다. 세상의 가치관과 사탄과 자신 안에 있는 부패가 성도를 항상 공격해 옵니다. 그렇기에 성도는 항상 영적으로 무장하고 죄를 피하며, 의를 이루기 위한 싸움 속에서 살아가야 합니다. 그러나 그 가운데 하나님의 위로와 은혜가 있으며 마침내 우리로 하여금 이 싸움에서 승리하게 하실 것입니다. 아마도 세상이 주는 낙을 즐거워하는 자에게는 삶이 끝나고 영원한 나라에 들어가는 것을 원하지 않을 것입니다. 그러나 거룩을 이루기 위해서 세상에서 죄와 투쟁하는 성도는 영원한 나라를 구하며, "마라나타 주 예수여 어서 오시옵소서"계 22:20라고 기도하며 주님의 재림을 소망할 것입니다.

🖐 칭의와 성화의 차이

칭 의	성 화
본질적으로 성부 하나님의 행동 (의롭고 합당하다고 선언하시는 분은 성부)	본질적으로 성령 하나님의 역사 (거룩하게 하시는 분은 성령)
우리 바깥에서 일어남 (마치 법정에서 일어나는 사건)	우리 안에서 일어남 (우리의 내적 삶에서)
죄책을 제거	죄의 오염을 제거 (우리를 하나님의 형상으로 새롭게 함)
영 단번 (과정이 아니라 하나님이 우리를 영 단번에 의롭다고 선포)	끊임없는 과정 (완전하게 될 때까지 주님의 은혜와 그를 아는 지식에서 계속 자라감)

 연합의 결과 (4)
: 영화롭게 됨

그리스도와의 연합을 통하여 성도는 이 땅에서 '새 생명으로 거듭나는 중생의 은혜'와 '하나님 앞에서 의롭게 되는 칭의의 은혜' 그리고 '하나님의 자녀가 되는 양자됨'과 '죽을 때까지 거룩하게 자라가는 성화의 은혜'를 누립니다. 그러나 이것이 전부가 아닙니다. 성도가 이 땅에서 생명이 끝날 때 누리는 또 다른 은혜가 있습니다. 그것은 바로 '영화롭게 되는 것'입니다. 사도바울은 하나님께서 의롭다 하신 그들을 영화롭게 하신다고 말하였습니다롬 8:30. 영화롭게 된다는 것은 성도가 이 땅에 있을 때까지 가지고 있던 모든 부패와 죄가 사라지고, 하나님에 대한 지식으로 충만하여지며, 그분을 마음과 뜻을 다하여 사랑하고, 그의 인격이 그리스도를 온전히 닮는 것을 의미합니다. 요한 1서에서는 이것을 가리켜서 우리가 그리스도와 같아진다고 하였습니다요일 3:2. 이것은 대단히 신비한 말씀입니다. 앞에서 설명드린 바와 같이 우리가 신격화되는 것은 아니지만, 이 땅에 오신 그리스도와 같이 의롭고 거룩한 자들이 될 것입니다. 그리하여 하나님께서 원하셨던 거룩하고 완성된 하나님의 백성들이 될 것입니다. 하나님의 구원은 우리가 영화롭게 될 때까지 멈추지 않습니다. 그분이 시작하신 구원을 그분이 완성하실 것입니다빌 1:6. 그러므로 우리는 영광의 날을 바라보며 이 땅에서 고난을 감당하고 거룩한 자로 살 수 있습니다.

 하나님의 선택
: 누가 구원의 은혜를 받는가?

구원론을 끝내면서 마지막으로 한 가지 더 살펴봐야 할 내용이 있습니다. 어떻게 보면 이 내용은 이 구원론의 맨 앞에서 다루어야 할 내용이기도 합니다. 그러나 전통적으로 교회는 이 내용을 구원론의 맨 마지막에 다룸으로서 하나님께서 주시는 구원이 얼마나 깊고 큰 것인지를 성도에게 설명했습니다. 그것은 바로 '이러한 구원의 은혜를 누가 받을 수 있는가?' 하는 것입니다. 이런 문제는 성경에서뿐만 아니라, 우리의 삶에서도 제기되는 것입니다.

두 사람이 길을 가다가 예수를 믿으라는 전도를 받았습니다. 두 사람이 전도를 받았지만 한 사람은 예수를 믿지 않고, 다른 사람은 예수를 믿었습니다. 두 사람이 예배당에서 하나님의 말씀을 들었지만 한 사람은 말씀에 깊은 감동을 받아서 예수를 믿기로 하고, 한 사람은 말씀을 들었으나 아무런 자극을 받지 못하고 자신의 길로 갔습니다. 이 두 사람의 차이는 어디서 나오는 것일까요? 왜 똑같은 조건에 있음에도 불구하고 두 사람 중에 한 사람은 예수를 믿고, 한 사람은 믿지 않는 것일까요? 이에 대한 대답은 구원론의 맨 처음에 나와 있습니다. 처음에 우리는 죄인이 예수를 믿고 그분과 연합하게 되는 은혜가 성령 하나님의 오심으로 시작된다고 말하였습니다. 그리스도를 믿는 것은 우리 힘으로 되지 않고 성령께서 역사하시는 사람만이 가질 수 있는 것이기 때문입니다. 그렇다면 성령께서는 어떤 사람에게 오시는 것일까요? 이에 대해서 예수께서는 다음과 같은 놀라운 말씀을 하셨습니다.

"유대인들이 에워싸고 이르되 당신이 언제까지나 우리 마음을 의혹하게 하려 하나이까 그리스도이면 밝히 말씀하소서 하니 예수께서 대답하시되 내가 너희에게 말하였으되 믿지 아니하는도다 내가 내 아버지의 이름으로 행하는 일들이 나를 증거하는 것이거늘 너희가 내 양이 아니므로 믿지 아니하는도다 내 양은 내 음성을 들으며 나는 그들을 알며 그들은 나를 따르느니라 내가 그들에게 영생을 주노니 영원히 멸망하지 아니할 것이요 또 그들을 내 손에서 빼앗을 자가 없느니라 그들을 주신 내 아버지는 만물보다 크시매 아무도 아버지 손에서 빼앗을 수 없느니라." 요 10:25-29

여기서 우리는 세 가지를 알 수 있습니다. 첫 번째로 유대인들이 예수님의 말씀과 증거를 보았음에도 불구하고 그분을 믿지 않은 것은 그분의 '양'이 아니었기 때문이라는 것입니다. 두 번째로 예수님의 양들은 예수님의 말씀을 듣자 그분을 따릅니다. 이는 성령께서 그들에게 예수님의 말씀을 증거하시고 믿음을 주셨음을 의미합니다. 세 번째로 예수께서는 이 양들을 아버지로부터 받으셨다고 합니다. 이 양들의 주인은 아버지 하나님이신데, 영생을 주시는 예수님께 맡기셨습니다. 이 내용은 신비한 성경의 가르침을 제시하고 있습니다. 처음부터 하나님께서 그분의 것으로 정하신 양이 있고, 이 양들이 성령 하나님의 은혜로 그리스도를 믿게 된다는 가르침을 '하나님의 선택'이라고 부릅니다. 이 선택에 대해서 복음서는 더욱 분명하게 말합니다. "너희가 나를 택한 것이 아니요 내가 너희를 택하여 세웠나니" 요 15:16 이 말씀은 성도들이 받은 은혜를 분명하게 가르쳐줍니다. 우리가 예수님을 택하여 믿은 것이 아니라, 창세전에 아버지 하나님께서 우리를 택하셨습니다. 택함을 받은 자들은 아버지의 소유이고, 그리스도의 몸이며, 성령의 전입니다. 하나님께서 영원 전에 택하셨음을 사도바울은 다음과 같이 말씀하셨습니다.

"곧 창세전에 그리스도 안에서 우리를 택하사 우리로 사랑 안에서 그 앞에 거룩하고 흠이 없게 하시려고 그 기쁘신 뜻대로 우리를 예정하사 예수 그리스도로 말미암아 자기의 아들들이 되게 하셨으니 이는 그가 사랑하시는 자 안에서 우리에게 거저 주시는 바 그의 은혜의 영광을 찬송하게 하려는 것이라."엡 1:4-6

그리스도를 믿는 자들은 모두 세상이 창조되기 전에 하나님께로부터 택하심을 받은 자들입니다.

그러면 왜 하나님께서 어떤 사람을 선택하시고, 어떤 사람을 선택하지 않으셨을까요? 성경은 그 이유를 설명해 주지 않습니다. 아주 단순하게 그것이 세상을 창조하신 하나님의 주권적인 뜻이라고만 말할 뿐입니다. 사도바울 선생님은 아주 단순하게 말씀하십니다.

"토기장이가 진흙 한 덩이로 하나는 귀히 쓸 그릇을, 하나는 천히 쓸 그릇을 만들 권한이 없느냐 만일 하나님이 그의 진노를 보이시고 그의 능력을 알게 하고자 하사 멸하기로 준비된 진노의 그릇을 오래 참으심으로 관용하시고 또한 영광받기로 예비하신 바 긍휼의 그릇에 대하여 그 영광의 풍성함을 알게 하고자 하셨을지라도 무슨 말을 하리요."롬 9:21-23

왜 하나님께서 우리를 선택하셨는지 성경은 알려주지 않습니다. 우리는 모두 부패한 자요, 하나님의 영광에 이르지 못하는 존재이지만 하나님께서 크신 긍휼로 온 인류 중에 우리를 그분의 양으로 택해주셨습니다. 그렇기에 우리가 하나님의 선택을 깨달을 때 오직 감사할 것밖에는 없습니다. 마치 하나님께서 그리스도를 반대하여 교회를 핍박했던 '죄인 중의 괴수인 사도바울'딤전 1:15을 택하셨던 것처럼 우리도 완악한 자이나 하나님의 긍휼로 택함을 받아서 그분의 백성이 된 것이기에, '선택 교리'는 우리가 하나님께만 감사하고, 사람들 앞에서 겸손해야 함을 가르칩니다.

'선택'에 대한 말씀을 읽을 때 우리가 갖는 가장 큰 질문은 '과연 내가 선택받은 자인가?' 하는 것입니다. 그러면 내가 선택받았다는 것을 어떻게 알 수 있을까요? 그것은 내가 그리스도를 믿고 사랑하는가를 보면 알 수 있습니다. 앞에서 본 에베소서 1:5에서 사도바울은 이렇게 가르칩니다. "그 기쁘신 뜻대로 우리를 예정하사 예수 그리스도 말미암아 자기의 아들들이 되게 하셨으니" 여러분이 예수 그리스도를 믿고 그분을 사랑한다면, 여러분은 하나님께로부터 선택을 받은 것이 확실합니다. 성령께서 우리에게 믿음을 주시고 양자의 영이 되사 하나님을 아버지라고 부르게 하십니다. 이것이야말로 여러분이 선택받은 백성이라는 증거입니다.

　그렇다면 내가 아닌, 다른 사람이 선택되었거나, 그렇지 않음을 우리가 판단할 수 있을까요? 그것은 근본적으로는 불가능합니다. 왜냐하면 사람은 다른 사람의 마음을 들여다볼 수 없기 때문입니다. 하물며 하나님의 숨겨진 계획을 어떻게 알 수 있겠습니까? 그럼에도 불구하고 교회는 만약에 어떤 사람이 예수를 주로 시인하고 성도의 모습을 보인다면, 그를 하나님의 백성이요 택함 받은 자로서 믿습니다. 그러면 혹시 그가 믿음을 가진 척하는 위선자일 수도 있지 않을까요? 그럴 수도 있겠지만, 어떤 사람이 믿음을 배반하는 일을 하지 않는다면 우리는 교회 안에 있는 어떤 사람도 위선자라고 판단할 수 없습니다. 그렇기에 기본적으로 교회 안에서 세례를 받고 신앙생활을 잘하고 있는 분이라면 그분을 '하나님의 백성이요 택함 받은 자'라고 말할 수 있겠습니다. 그리고 어떤 사람이 '택함 받지 못한 자'라는 것을 안다는 것은 더욱 불가능합니다. 왜냐하면 우리가 보기에 아무리 악한 자라도 구원받을 수 있고, 그 구원의 시간은 우리에게 숨겨져 있기 때문입니다. 가장 좋은 예가 사도바울일 것입니다. 그는 교회를 핍박하는 그리스도의 원수였으나 놀랍게도 택함을 받은 자였습니다. 사도바울은 이렇게 고백합니다.

"그러나 내 어머니의 태로부터 나를 택정하시고 그의 은혜로 나를 부르신 이가"갈 1:15

그렇습니다. 사도바울과 같은 자라도 택하실 수 있는 분이라면 우리가 보기에 아무리 악한 자라고 할지라도 택함을 받은 자일 수 있습니다. 심지어 어떤 분들은 십자가상의 강도처럼 죽기 직전에 예수님을 믿기도 합니다눅 23:33, 34. 그렇다면 그분도 택함을 받은 분이라고 할 수 있겠습니다. 그렇기에 어떤 사람을 택함을 받지 못했다고 단언하는 것은 대단히 위험한 일입니다. 결국 '선택 교리'는 모든 구원의 은혜가 하나님께로부터 왔으며, '오직 은혜'만이 우리를 구원한다는 사실을 가르쳐줍니다. 우리를 구원하는 믿음도 성령께서 주신 것입니다. 또한 모든 사람이 심판받아 마땅한 자이기에 모든 인류가 지옥 불에 심판받는다고 할지라도 그것은 마땅한 바입니다. 그러나 하나님께서는 그 크신 사랑으로 그들 중에 어떤 자들을 아무 공로나 이유 없이 택하여 그분의 백성이 되게 하셨습니다. 그러니 우리를 택하시고 구원하신 하나님께 영광을 돌립시다. 우리는 모두 하나님의 크신 사랑과 은혜로 구원받았을 뿐입니다. 그러므로 우리의 영원한 찬양은 이것입니다.

"보좌에 앉으신 이와 어린양에게 찬송과 존귀와 영광과 권능을 세세토록 돌릴지어다."계 5:13

아멘!

1여
리오

.5하사
르시기

룩한 산
리로다
평을 전하
내게 이르시
이라 오늘 내
다
내가 이방 나라를
주리니 네 소유가
이르리로다
으로 그들을 깨뜨림
롯 같이 부수리라 하

즉 군왕들아 너희는
받으며 세상의 재판관들
하는 교훈을 받을소다〔
외를 경외함으로 섬-
며 즐거워할지어다
의 아들에게 입맞
시 아니하면 진노하심
가 길에서 망하리니 그의 진노
가 급하심이라 여호와께 피하
는 모든 사람은 나 복이 이

다

교회에 대하여

교회에 대하여

"교회는 그의 몸이니 만물 안에서 만물을 충만하게 하시는 이의 충만함이니라"엡 1:23

"내가 이 반석 위에 내 교회를 세우리니 음부의 권세가 이기지 못하리라"마 16:18

교회는 무엇인가?

교회가 무엇이라고 생각하십니까? 예수를 믿으므로 구원을 받습니다. 그렇다면 어느 교회에서든 주일예배를 드리는 것으로 충분하지 않을까요? 성도는 반드시 특정 교회에 등록하여 신앙생활을 해야 하나요?

한국 교회가 복음을 받아들인 지 한 세기가 넘었습니다. 오랜 기간 동안 복음이 전파되었고 성도들의 숫자가 폭발적으로 늘어나는 부흥을 경험했음에도 불구하고 한국 교회는 좀처럼 내적인 성숙을 이루지 못하였습니다. 여기에는 이원화된 세계관, 기복적인 신앙관, 개교회주의 등여러 가지 이유가 있습니다. 그중에서 반드시 되짚어보아야 할 것은 '개인주의적인 구원관'입니다. 이것은 옆에 있는 성도나 공동체를 생각하지 않고 자신의 구원과 체험만을 앞세우는 자세를 말합니다. 이러한 구원관은 대체로 급성장하는 교회에 나타나는데, 결과적으로 교회론의 부재를 초래하였고, 교회론의 부재는 성도들의 내적 성장을 더디게 만드는 결과를 가져왔습니다.

또 다른 문제는 주로 유럽에서 등장한 '사회구원'입니다. 마치 복음이 그 사회를 구원할 수 있을 것처럼 생각하는 것입니다. 물론 복음은 사회에도 긍정적인 영향을 미칩니다. 그러나 마치 구원의 대상이 하나님의 공동체가 아닌 사회 전체인 것처럼 생각하는 것 역시 구원과 교회에 대하여 잘못 이해하는 것입니다.

성경은 교회에 대해서 수많은 가르침을 주고 있습니다. 성도와 교회의 관계는 아주 밀접합니다. 하지만, 한국 교회는 지금까지 교회론에 대해서 잘 가르치지 못하였습니다. 이 시간에는 부족한 교회론을 고민하고 정립하여 교회를 더 든든히 세워나가고자 합니다. 첫 번째는 교회의 본질, 즉 교회가 무엇인지를 생각하겠습니다. 두 번째는 교회의 사명에 대해서 생각해 보겠습니다.

🐟 교회의 본질

교회는 하나님께서 택하신 백성들의 모임입니다
엡 1:4, 요 10:26-29

예수께서는 자신에게 오는 양들은 아버지의 것이었다고 말씀하십니다. 아무나 주님께로 오는 것이 아니며, 오직 하나님께서 자기 소유로 삼고자 하신 사람들이 주님의 말씀을 듣고 온다는 것입니다. 이것은 신비한 말씀입니다. 우리의 인식에서 믿음은 사람 측의 반응, 즉 믿음은 들음에서 난다고 알고 있습니다. 누군가가 나에게 전해준 복음에 내가 반응하고 응답하는 것이 믿음이며, 또한 부르심과 응답은 신앙생활에 있어서 성도가 거쳐가는 하나의 단계라고 생각합니다.

그러나 성경은 복음에 응답하는 것은 인간 스스로의 힘으로 할 수 없다고 말씀하고 있습니다. 사람은 부패하여 '깨닫는 자도 없고 하나님을 찾는 자도 없'기 때문입니다롬 3:10-18. 인간은 복음에 반응할 수 없으며, 타락한 본성은 하나님께 오기를 싫어합니다. 만약에 어떤 사람이 복음에 반응하여 믿음을 갖게 된다면 그것은 우리의 의지에 역사하시는 하나님의 특별한 은혜로 인하여 가능한 것입니다. 이에 대해 주님은 복음을 듣고 따르는 자들이 원래 '아버지의 소유'였다고 선언하십니다. 주님께서는 창세전에 이미 그분의 소유로 미리 정하신 자들을 그분의 때에 부르십니다.

하나님의 소유인 그들은 하나님의 은혜와 성령의 능력으로 복음을 듣고 믿음을 갖게 됩니다. 에베소서 1장 4절에서도 하나님께서 그리스도 안에서 사람들을 택하셨으며, 그들로 하여금 그리스도와 함께 공동체를 이루게 하셨다고 합니다. 교회의 구성원, 하나님 나라의 백성은 그분이 선택하신 자들입니다. 그래서 교회를 '삼위일체 하나님께서 택하신 자들의 모임'이라고 말합니다.

교회는 예수 그리스도를 주로 고백하는 공동체입니다
마 16:13-20

본문에서 교회는 "주는 그리스도시오 살아계신 하나님의 아들이십니다"라는 신앙고백 위에 세워진 공동체라는 것을 가르쳐줍니다. 왜 이 고백이 중요할까요? 교회는 하나님의 나라이며, 그리스도께서 이 나라의 왕이시기 때문입니다. 이 나라는 그 왕의 통치를 받기 원하며, 그분께 순복하는 자들로 구성됩니다. 그러므로 이 고백을 하는 자들만이 그 나라의 백성이 되며, 또한 교회의 구성원이 됩니다.

예수는 구원자요 교회의 머리임을 고백하는 것은 성도의 생명이며, 이는 또한 기독교가 세상의 수많은 단체들과 구별되는 참 종교라는 증거가 됩니다. 오직 그리스도에게만 생명과 진리가 있다는 것은 다른 종교에 배타적인 것으로 보이기에 이로 인해서 교회는 많은 비난을 받기도 합니다. 하지만 교회는 참 진리인 이 신앙고백을 결코 포기할 수가 없습니다. 본문에서 주님은 세상 사람들이 하는 다양한 고백들을 인정하지 않으시고, 오직 베드로가 하는 고백을 흡족하게 여기셨습니다. 그리고 베드로의 신앙 고백 위에 교회를 세우신다고 말씀하셨습니다.

교회는 그리스도와 연합된 자들의 공동체입니다

에베소서 1장에서 하나님의 택하심의 목적을 말씀하고 있습니다. 그 목적은 '그리스도로 인하여 하나님의 아들들'이 되어5절, 하나님의 영광이 되는 것입니다6절. 그러나 이러한 목적으로 가기 위해서는 과정이 필요합니다. 사도바울 선생님은 하나님으로부터 택함을 받아 하나님의 아들이 되어가는 성도가 받고 있는 은혜를 15-23절의 기도문 형식으로 설명하고 있습니다. 그리스도는 승천하시어 하늘 보좌에 앉아 계시며 일을 하고 계시는데, 그것은 '교회의 머리가 되어 몸 된 교회를 충만하게 하시는 일'입니다22-23절.

본문은 교회는 그리스도의 몸이요, 그리스도는 교회의 머리라고 설명하고 있습니다. 그래서 개혁 교회는 교회를 "그리스도와 연합unio cum Christo한 사람들의 모임"이라고 정의하였습니다. 이것이 교회의 영적인 상태입니다. 교회를 그리스도의 몸으로 이해하는 것은 교회를 바르게 이해하는 첫 단계입니다. 왜냐하면 교회란 외적으로는 그리스도를 주로 고백하며, 내적으로는 그리스도와 연합하여 그분이 공급하시는 구원과 생명을 받아 누리고, 동시에 그리스도의 왕국이라는 측면에서 하나님 말씀의 통치를 받는 곳이기 때문입니다. 그리스도가 '길과 진리와 생명' 임을 고백하고 그 은혜를 누리는 공동체가 교회입니다. 교회는 그분으로 말미암아 세움을 받고 유지되고 성장합니다. 교회는 그리스도와 교통을 누리는 성도들의 공동체입니다. 그러므로 교회 공동체는 그리스도에 대하여 참된 고백을 하는 것이 중요합니다. 그러므로 이 땅의 교회에서는 교리교육과 신앙고백이 반드시 있어야 하는 것입니다.

그리스도와의 연합으로 인하여 교회가 가진 속성이 나온다

교회가 가진 속성은 네 가지입니다. 첫 번째는 하나됨일치성입니다. 하나됨이라는 것은 세상과 역사 속에 많은 교회가 있지만 그 모든 교회가 하나라는 것입니다. 이 하나됨의 기원은 그리스도이십니다. 교회의 머리는 오직 그리스도 한 분뿐이시기 때문입니다. 이것은 놀라운 일입니다. 이천 년 전에 있었던 초대 교회와 지금 있는 한국 교회는 하나입니다. 이것이 가능한 이유는 초대 교회의 머리도 그리스도이시고, 지금 한국에 있는 교회의 머리 역시 그리스도이시기 때문입니다. 그러므로 세계의 모든 교회, 그리고 하늘나라에 있는 먼저 돌아가신 성도들의 교회도 모두 하나입니다. 모든 교회의 머리는 그리스도이시기 때문입니다. 이러한 교회의 일치는 교리의 일치로부터 확인될 수 있습니다. 그렇지 않으면 단순하고 표면적인 일치만 확인하게 되는 모순에 빠지게 됩니다.

두 번째는 거룩함입니다. 교회는 거룩합니다. 이것은 교회가 하나님의 소유이며, 그리스도의 신부로서 특별한 신분과 목적을 가지고 있다는 것을 뜻합니다. 이것 역시 교회의 머리 되신 그리스도로 인하여 가능합니다. 교회는 항상 부족하고 연약하지만, 교회의 머리 되신 그리스도의 피로 깨끗하게 되었기에 거룩합니다. 이 말은 교회가 그리스도로부터 받은 구원과 생명으로 존재하며, 그분을 믿는 믿음 위에서 세워져 있다는 말입니다. 교회는 세상과 구별되며, 세상을 따르지 않고, 오직 그리스도를 따르며 그분을 위하여 삽니다. 이것이 교회가 거룩하다는 말의 의미입니다. 그리스도 자신이 거룩하신 하나님이시기 때문입니다.

세 번째는 보편성입니다. 그리스도는 모든 시대에 자신의 교회를 가지고 계셨습니다. 구약 시대에는 이스라엘이 그분의 교회였고, 신약 시대에는 세상 모든 지역에 그분의 교회가 세워져 있습니다. 이로써 세상에 복음이 끊어지지 않게 하셨고, 하나님께서는 항상 자신의 백성들을 가지고 계셨습니다. 교회는 시대와 장소를 초월하여 보편적으로 존재합니다. 즉, 하나님께서는 어느 시대도 자신의 교회가 없으신 적이 없으셨다는 것입니다. 이 말은 택함 받은 자들이 어느 시대에나 있었다는 것을 의미합니다.

네 번째는 사도성입니다. 교회는 사도가 가르친 그리스도의 복음과 그분에 대한 고백 위에 서 있습니다. '주는 그리스도시오 살아계신 하나님의 아들이십니다'라는 고백입니다. 그리고 이 고백이 조금 더 확대된 것이 '사도신경'입니다. 사도신경은 예수님의 사도들이 직접 만든 것은 아니며, 사도들이 살았던 시대 이후에 나타나지만 그럼에도 불구하고 이것을 사도신경이라고 부르는 이유는 '사도들의 신앙'을 잘 보여주고 있기 때문입니다. 우리는 예수를 그리스도로 믿되 사도들이 가르쳐준 예수님의 본질과 사역과 가르침을 믿습니다. 예수 그리스도에 대한 것은 사도들이 교회를 위해서 기록한 복음서들과 서신서들에 잘 기록되어 있습니다. 그 내용을 요약한 것이 곧 사도신경입니다. 교회는 사도들의 고백 위에 서 있습니다. 그리고 이 사도들의 고백에서 벗어나 자신들만의 파벌을 형성한 단체를 '이단'이라고 부릅니다.

참된 교회는 어느 시대 어느 장소를 불문하고 한 믿음, 한 성령을 소유합니다. 한국에 있는 교회와 미국에 있는 교회가 같은 믿음을 갖습니다. 이것이 어떻게 가능할까요? 이것은 교회의 믿음의 대상이 한 분 그리스도이시기 때문입니다. 교회는 '주는 그리스도시오 살아계신 하나님의 아들이십니다'라는 사도의 고백 위에 서 있습니다. 이것이 다르다면 거기는 교회가 아닙니다. 그러므로 교회는 항상 사도들이 가르친 복음 위에 서 있어야 합니다. 사도권의 계승은 교리의 계승입니다.

그러나 교회가 가진 공동체성은 종종 도전을 받았습니다
엡 2:14-22

당시 유대 바깥에 있는 교회들에게 있던 문제 중의 하나가 한 교회 안에 같이 신앙생활을 하고 있는 이방인 기독교인들과 유대인 기독교인들 사이의 불화였습니다. 유대인들은 구약의 기간 동안 율법을 가지고 살았던 민족입니다. 이로 인해서 예수로 말미암은 구원을 말한다고 할지라도 구약부터 내려온 생활 방식을 어느 정도 고수했을 것으로 보입니다. 이에 비해서 이방인들은 율법에 대해서 알지 못하였고 오히려 이방적인 삶의 방식으로 인하여 그 생활이 자유로웠을 것입니다. 이러한 문제는 로마서나 고린도서에서도 다루고 있습니다롬 14:13-23; 고전 8장. 사도바울 선생님께서 서신서를 쓰신 에베소 교회에서도 유사한 문제가 있었을 것입니다. 그리고 사도께서는 이 교회 안에 생긴 불화의 문제를 해결하기 위해서 교회가 무엇인지를 설명하고 계시는 것입니다. 이 문제를 다루면서 사도바울 선생님은 이 두 기독교인들이 서로 한 그리스도로 인하여 구원받았음을 강조합니다. 이방인들이 그리스도로 인하여 구원받은 것처럼, 유대인들도 그리스도로 인하여 구원받았습니다. 구원에 있어서 둘은 아무런 차이가 없습니다. 또한 둘 다 교회 안에서 그리스도를 머리로 섬기고 있습니다. 사도바울은 그리스도 외에 다른 것을 구별의 증거로 내세우는 것을 허락하지 않습니다. 오히려 이방인과 유대인이 함께 하나님의 성전으로 지어져 갑니다. 유대인과 이방인을 연결해 주는 모퉁잇돌은 그리스도이십니다엡2:20. 이 그리스도 외에 어떤 다른 조건을 세우는 것은 교회 안에서 허락되지 않습니다. 구약의 율법, 경건, 의식들 중 어떤 것도 구원을 주지 못합니다. 그러므로 교회는 그리스도 안에서 모두가 하나가 됩니다.

이것은 지금의 교회에게도 중요한 교훈을 줍니다. 교회는 그리스도 외에 어떤 기준도 가지고 있지 않습니다. '그리스도를 주로 믿느냐, 아니냐?'입니다. 이 외에 민족, 학벌, 언어, 재산, 신분 등등 어떤 것도 교회 안에서 내세울 수 없으며, 성도를 판단하는 기준이 될 수 없습니다. 모두가 그리스도의 은혜로 구원을 받았습니다. 교회 안에서 성도 사이를 가르는 어떤 기준을 만드는 것은 좋지 못합니다.

교회의 교회 됨은 그리스도 안에서 하나 됨을 인식할 때 시작됩니다

교회의 많은 문제들은 우리가 그리스도 안에서 하나로 묶였으며, 누구의 은혜를 기반으로 해서 서 있는 지를 망각할 때 발생합니다. 교회는 결사단체나 구제단체가 아닙니다. 친목을 도모하는 단체는 더더욱 아닙니다. 이러한 모양들이 교회 안에서 일을 할 때 하나의 형태로 표출될 수는 있겠으나, 이것들이 중심 내용은 아닙니다. 교회의 중심에는 구원자 그리스도와 그분과 연합되어 그 은혜로 살아가는 성도들이 있습니다. 고린도 교회에는 자랑이 많았습니다. 지식이 많은 자들과 은사가 많은 자들이 있었습니다. 그러나 사도바울 선생님은 고린도 교인들에게 '너희가 지식과 은사로 구원을 받았느냐?'라고 묻고 계시는 것입니다. 누구도 자신의 어떤 것으로 구원받지 못했습니다. 구원은 '새사람'이 되는 것입니다. '옛사람'의 어떠한 것을 고쳐 쓰는 것이 아닙니다. 그리스도 안에서 옛사람이 죽고 새사람으로 다시 태어나는 것입니다. 옛사람이 가진 어떠한 것도 구원에 도움이 되지 않습니다. 그래서 사도바울 선생님은 육체를 자랑하지 말고 그리스도를 자랑하라고 하십니다_{고전 1:29-31}. 예수께서 우리의 '지혜와 의로움과 거룩함과 구원함'이 되셨습니다. 교회의 자랑은 우리의 구원이 되신 예수입니다. 교회는 그리스도 외에 다른 사람을 높이지 않으며, 사람이 교회의 대표자가 될 수도 없습니다. 이것 외에 다른 것을 가지고 교회가 자랑을 삼고자 한다면 그것은 교회가 다른 길로 들어선 것입니다.

결론적으로 교회는 그리스도의 지체된 백성들의 모임이며 그리스도를 생명으로 삼는 사람들의 공동체입니다. 이는 마치 큰 나무 줄기에서 수많은 가지가 뻗어나온 것과 같습니다. 많은 가지가 있지만 모두 한 줄기에 붙어서 생명을 누립니다. 이 줄기에서 분리되어서는 나무 가지가 살아남을 방법이 없습니다. 수많은 가지가 하나인 것처럼, 그리스도 안에서 하나된 성도들의 영적인 연합체가 외적으로 드러나는 것이 교회입니다. 그러므로 그리스도를 주로 섬기는 자들이 교회로 하나로 모이는 것은 '그리스도와의 연합'의 당연한 결과입니다. 지금까지 교회가 무엇인지를 살펴보았습니다. 교회는 하나님께서 은혜로 택하신 자들의 모임이고, 주를 고백하고 그분과 연합된 자들의 공동체입니다. 다음으로 이 하나님의 택하심을 입고 그리스도 안에서 하나로 묶인 사람들이 어떻게 공동체를 이루고 무엇을 해야 하는지 살펴보겠습니다.

🐟 교회가 하는 일은 무엇인가?

교회가 힘써야 할 사명에는 어떠한 것들이 있다고 생각하십니까? 좋은 교회, 주님이 기뻐하시는 교회는 어떠한 모습이라고 생각되십니까?

교회는 말씀을 보존하고 증거하는 일을 합니다

교회는 그리스도와 연합한 자들의 모임이기에, 그리스도의 손과 발이 되어 그분이 이 땅에서 하셨던 사역을 계속하여 수행합니다. 그렇다면 그분이 이 땅에서 어떤 일을 하셨을까요? 주님은 이 땅에 계시는 동안 하나님의 백성들에게 복음을 가르치셨습니다. 주님은 다른 일로 인하여 복음을 가르치는 일이 방해받지 않기를 원하셨습니다막 1:40-45. 결국 질병이 떠나고 귀신이 쫓김을 당하는 것은 하나님의 말씀이 전파되어 그분의 나라가 임했을 때 나타나는 결과이기에 복음을 가르치고 전파하는 일을 가장 우선하셨습니다. 여기에서 교회의 사명이 나옵니다. 교회가 세상에서 할 수 있는 일은 많습니다. 빈민구제도 할 수 있고, 병원과 학교를 세울 수도 있습니다. 그러나 조금만 달리 생각해 봅시다. 구제는 교회의 전유물은 아닙니다. 다른 종교 기관에서도 할 수 있는 일이고, 실제로 하고 있습니다.

그렇다면 어느 지역에 교회가 세워진 것과 다른 종교 단체가 설립된 것과의 가장 큰 차이가 무엇일까요? 하나님의 말씀이 있는 것과 없는 것의 차이입니다. 세상에서 하나님의 뜻과 구원을 보여주는 말씀이 사라진다면 세상에서 구원이 사라질 것입니다. 천지의 주인이신 하나님께서 자신의 뜻을 더 이상 찾을 수 없는 세상에 대하여 하실 것은 심판밖에 없습니다. 그러므로 교회는 이 세상이 계속 유지되는 동안에 하나님의 말씀을 보존하며 그 말씀을 연구해야 하며 이것이 교회의 첫 번째 사명입니다. 성경은 교회를 '진리의 기둥과 터'라고 설명합니다딤전 3:15. 이것은 아무리 강조해도 부족함이 없습니다. 교회는 말씀을 보존하는 일과 가르치는 일에 힘써야 하며 하나님의 말씀을 잘 보존하기 위해 성령의 도우심을 간구하고, 바른 진리를 수호하기 위한 분별력을 갖춰야 합니다.

복음전파에 대하여

교회는 주께서 가르치신 기도를 따라서 신앙이 나아갈 바를 깨달아야 합니다. 주님께서는 '주님의 나라가 이 땅에 확장되도록' 기도하라고 하셨습니다. 주님의 나라가 확장된다는 것은 그분을 믿는 성도들이 늘어나는 것을 의미합니다. 교회는 복음을 증거하여 주님의 백성을 부르는 사명을 받았습니다. 계시록 11장에 교회의 증거 사역에 대하여 기록되어 있는데, 교회는 '두 증인', '두 감람나무', '두 촛대'로 묘사되어 있습니다. 여기서 둘이라는 것은 율법의 전통을 따라서 증인으로서 부족함이 없는 수를 말합니다신 19:15; 요 8:17. 즉, 세상이 교회를 핍박하겠으나 교회는 여전히 하나님의 증인으로서 충분한 사역을 감당하리라는 것입니다.

교회는 시대에 따라 세상에 대하여 다양한 태도를 취해왔습니다. 때로는 세상을 적대시하여 평범한 삶과 등지는 것을 거룩이라고 이해하였고, 때로는 세상에서 가질 수 있는 것을 취하는 것을 은혜의 증거라고 생각하기도 하였습니다. 그러나 교회는 세상에 소망을 두지 않습니다. 계시록에 따르면 세상은 결국 주님의 심판 아래 들어갈 것이고, 주님은 백성들이 그 심판에 함께 들어갈까 봐 염려하십니다계 18:4. 그렇다고 해서 세상을 등지는 것 역시 주님의 뜻이 아닙니다. 성도는 세상에서 빛과 소금의 역할을 하여 더 많은 사람들이 하나님의 나라에 들어오도록 초청해야 합니다마 5:13-16. 하나님께서 세상에 은혜를 베푸시는 것처럼 성도 역시 세상에서 역할을 다해야 합니다. 성도가 하나님의 거룩한 말씀과 품성을 드러내는 것은 주님께서 주신 사명입니다. 세상과 피조물도 구원을 기다리며롬 8:23, 그리스도 안에서 만물이 통일될 것입니다엡 1장. 그러므로 성도는 세상에서 복음을 전하며, 그리스도의 거룩한 자태를 드러내야 합니다.

교회는 새로운 영적 생명을 내며, 새생명을 그리스도에게까지 자라게 하는 일을 합니다

이 사명에 대해서 교회는 깊게 생각을 해봐야 합니다. 지금 한국 교회는 교인 수가 줄어든다고 하여서 고민에 빠져 있습니다. 하나님 나라가 힘을 잃고 있다고 걱정합니다. 그러나 지금까지 해온 한국 교회의 행태를 생각해 볼 때, 이것은 당연한 결과로 보입니다. 교회는 성도들을 중요하게 여기기보다는 그들을 데리고 어떤 일을 할 것인가를 고민해 왔습니다. 이로 인해서 교회는 하나님의 가정, 권속의 모습을 보여주기보다는 군대나 회사 같은 모습을 보여주었습니다. 물론 교회는 어떠한 측면에서는 군대와 같은 모습이 있습니다. 그러나 이러한 측면만을 강조한 나머지 성경이 말하는 '하나님의 권속'엡 2:19으로서 교회의 모습을 망각한 것은 지금 큰 손실로 작용하고 있습니다. 성도를 기능으로 이해할 때, 성도 자신보다는 그가 가진 능력과 재산 등에 주목을 하게 되며, 능률을 따지게 됩니다. 그러나 어느 가정도 식구를 능률에 따라서 판단하지 않습니다. 이러한 생각은 교회의 본질을 흔드는 잘못된 것입니다.

교회의 가장 큰 능력은 말씀을 통하여 주님의 백성으로 불러내어 그들이 그리스도의 장성한 분량에까지 자라게 하는 것입니다. 한 사회에서 인격체를 자라게 하는 가정을 대체할 만한 공동체가 없습니다. 가정이 무너지면 사회가 흔들립니다. 마찬가지로 교회가 영혼의 탄생과 성장에 무관심하다면 교회의 근본적인 일을 놓치는 것입니다. 교회는 돈과 능력이 많은 사람들이 모여서 힘을 쓰는 곳이 아니라, 그리스도를 닮은 성도들을 만들어내는 일을 하는 곳입니다. 그리스도를 닮은 성도들이 나가서 '빛과 소금'의 역할을 감당함으로써 세상의 타락이 저지되며, 하나님의 나라가 확장됩니다. 교회에서 성도를 실족시키면서까지 해야 할 사업이란 것은 없습니다. 교회에서 하는 모든 사업은 성도를 풍성하게 하고 성장시키는 일을 기본으로 놓습니다. 부모의 자랑은 훌륭한 자녀입니다. 자녀의 인격이 고귀하고 아름다운 것만큼 부모의 훌륭함을 드러내는 것은 없습니다. 하나님 나라의 풍성함은 그리스도를 닮은 성도가 많아지는 것입니다. 하나님께서는 아들을 통하여 그분의 백성을 구원하시고 그 백성들의 찬양을 최종적인 목적으로 삼으셨습니다. 그러기에 교회는 성도를 가장 소중히 여겨야 합니다. 이제 교회 안에서 성도의 성장이 어떻게 이루어지는지를 살펴봅시다.

성도의 성장을 위하여 교회로 모여야 합니다
엡 4:7-16

　본문은 주님께서 승천하시어 무엇을 하고 계신가를 설명해 줍니다. 주님은 하늘에 오르셔서 만물을 충만케 하시는 일을 하고 계십니다10절. 만물을 충만케 하시는 일은 교회를 충만케 하시는 일로 이루어집니다 엡 1:23. 그렇다면 하늘에 계신 그리스도께서 교회를 충만케 하시기 위해서 하시는 일은 무엇일까요? 사도바울 선생님은 주님께서 교회 안에 있는 각 성도들에게 '그리스도의 선물의 분량대로 은혜'를 주셨다고 합니다. 분량대로 받은 은혜가 교회 안에서 사도, 선지자, 목사와 교사 등 직분으로 나타나게 됩니다11절. 직분자를 세우신 이유에 대해서 사도바울 선생님은 다음과 같이 말합니다. '이는 성도를 온전하게 하여 봉사의 일을 하게 하며 그리스도의 몸을 세우려 하심이라'12절. 직분자를 세우신 것은 성도를 온전하게 하여, 그들로 하여금 또 다른 성도를 위하여 봉사의 일을 하게 하기 위한 것입니다. 그리고 그렇게 성도를 세우는 것이 곧 그리스도의 몸인, 교회를 세우는 것이라고 합니다. 그러므로 교회에는 하나님 앞에서의 평등과 질서에 따른 순종과 보살핌이 있어야 합니다.

　직분자를 두신 것은 성도를 온전하게 하기 위한 것인데, 여기서 '온전하게 한다'는 것은 구비시키는 것, 다시 말하면 이것저것을 갖추어 부족함이 없는 상태가 되게 하는 것입니다. 이것은 교회의 직분자가 무엇을 목적으로 해야 하는지를 보여줍니다. 교회의 직분자는 성도를 온전케 하며, 풍성케 하는 일에 부르심을 받았습니다. 성도를 온전하게 자라게 하는 것이 직분자의 일차적인 목적입니다. 이것은 마치 가정에서 아이를 양육하는 것과 같습니다. 가정에서 아이를 양육할 때의 목적은 얼마나 쓸 만한 기능인으로 키우느냐가 아니라 인격이 고르게 갖춰진 건전한 성인으로 키워내는 데 있습니다. 교회도 이와 같습니다. 교회의 모든 직분자들의 일차적인 목적은 복음으로 생명을 탄생시키며, 그들을 자라게 하는 데 있습니다. 성도가 그리스도 안에서 자라는 것이 일차적인 목적입니다.

교회는 함께 성장해 가는 신비한 연합체입니다
엡 4:16

에베소서는 주님께서 성도들의 성장을 위해서 교회로 묶으셨다고 합니다. 이러한 이유로 그리스도께서 주신 공동체를 거절하고, 신앙이 성장하기를 기대하는 것은 모순된 것입니다. 주님은 복되고 분명한 말씀을 위해서 교회 안에 여러 직분자들을 두셨고, 서로서로 도와 자라가게 하셨습니다. 물론 교회의 사역자들에게 부족한 점이 많습니다. 그러나 마치 부모가 연약하여도 그를 통해서 자녀들이 자라나는 것처럼, 부족한 성도들을 통하여 어린 성도가 자라게 하셨습니다. 아주 극단적인 경우를 제외한다면 부모가 없는 것이 낫다고 하는 경우는 거의 없습니다. 엡 4:16절에서 사도바울 선생님은 '그리스도에게서 온 몸이 각 마디를 통하여 도움을 받음으로 연결되고 결합되어 각 지체의 분량대로 역사'한다고 설명합니다. 모든 은혜는 그리스도로부터 나옵니다. 그리고 이 은혜는 직접 개인에게 오는 것이 아니라, 온 몸의 각 마디를 거쳐서 옵니다. 서로서로 도와 은혜를 받는다는 것입니다.

그러므로 교회는 서로 합력하여 성장해 가는 공동체입니다. 그리스도의 은혜가 나에게 직접 오는 것보다는 수많은 사람들을 거쳐서 오게 하시는 신비한 연합체입니다. 마치 몸에서 음식을 직접 받는 곳은 소화 기관이지만, 온 몸이 힘을 얻는 것과 같습니다. 이러한 연합체에서 어떤 사람이 필요 없다고 말하는 것은 그리스도의 뜻을 외면하는 무지한 행위입니다 고전 12장. 무교회주의 운동은 하나님께서 세우신 그리스도 안에 있는 연합됨을 파괴하는 것입니다. 공동체 안에서 필요하지 않은 사람은 없습니다. 곧 나의 신앙의 성장을 위해서 반드시 내 형제, 자매가 있어야 한다는 것입니다. 이때에 꼭 내가 누구로부터 도움을 받는 것만이 성장으로 연결되지 않습니다. 오히려 부족한 자를 도와주면서 성도는 더 풍성한 인격을 갖게 됩니다. 다른 사람의 처지를 이해할 수 없는 사람이 그리스도의 사랑을 본받는다는 것은 있을 수 없습니다. 잊지 마십시오. 성경에서 말하는 성령의 열매들은 '관계적'인 것입니다 갈 5:22, 23.

그리스도와 함께 성도들과 하나 되셨습니까? 그렇다면 그리스도의 몸을 함께 지고 간다는 마음이 필요합니다. 교회에서 벌어지는 일에 대해서 무관심하거나, 쉽게 교회를 바꿀 수 있다는 생각은 '그리스도와의 연합'으로서 교회를 인식하지 못하여 생기는 것입니다. 그리스도께서 세상에 흩어져 있는 우리를 함께 묶으셨습니다. 우리는 그 말할 수 없는 섭리에 순종합니다. 이것은 마치 가족과 같습니다. 누구도 부모와 자녀를 선택하지 않았습니다만 신비롭게 묶여 그들을 사랑합니다. 이와 같이 우리는 함께 묶인 성도들을 그리스도의 선물인 줄 알고 사랑합니다. 교회를 사랑한다는 것은 우리를 묶으신 그리스도를 사랑하는 것입니다. 이러한 그리스도의 사랑으로부터 그 어떤 것도 우리를 끊을 수 없습니다.

 ## 교회의 세 가지 표지
: 복음 선포, 성례, 권징

교회의 표지라는 문제는 종교개혁 때 큰 주제가 되었습니다. 개신교가 로마교회로부터 갈라져 나왔는데, 과연 로마교회나 개신교회나 자신들이 참된 교회라는 것을 어떻게 드러낼 것인가 하는 것 때문이었습니다. 서로가 자신이 참된 교회임을 증명하는 표지를 내세웠습니다. 로마교회는 자신들의 표지를 사도성이라고 주장하였습니다. 사도 베드로로부터 내려오는 사도성이 교황을 통하여 유지되고 있기 때문에 로마교회야말로 참된 교회라고 주장한 것입니다. 이 주장은 지금도 계속되고 있습니다. 그렇기에 로마교회의 정체성은 바로 사도성을 넘겨받은 교황이라고 할 수 있습니다. 예를 들어서 사도 베드로를 자신들 마음대로 1대 교황이라고 부릅니다. 그러나 이러한 주장이 개혁자들에게는 타당성이 없다고 생각되었습니다. 왜냐하면 사람은 타락한 존재인데, 사람에 의해서 정체성이 유지된다는 것은 너무나 위험한 일이며, 성경의 가르침에 반한다고 생각되었기 때문입니다. 성경을 보면 베드로조차도 넘어질 때가 있었습니다. 그는 예수 그리스도를 부인했을 뿐만 아니라, 사도로 세움을 받은 이후에도 안디옥에서 이방인 기독교인과 교제하다가 예루살렘에서 온 형제들이 왔을 때, 이방인 기독교인을 버려두고 그 자리를 떠난 일이 있었습니다갈 2:11-14. 이로 인해서 베드로는 사도바울에게 책망을 받습니다. 베드로조차도 실족하는 일이 있는데, 하물며 그다음에 오는 사람들에게서 교회의 정체성이 유지된다는 것은 허황된 주장입니다. 그렇기에 이러한 로마교회의 주장은 개신교에게 인정받지 못했습니다.

그러면 개신교회는 그 교회가 참된 교회라는 것이 어떻게 증명된다고 생각했을까요? 개혁자들은 공동체 안에 세 가지가 있다면, 그 공동체는 그리스도의 교회라고 했습니다. 세 가지는 '말씀복음의 선포', '성례세례와 성찬의 건전한 시행', 그리고 '말씀에 따른 교회의 권징'입니다. 이 세 가지가 있다면 거기에는 교회가 있는 것입니다.

첫 번째로 생각해야 할 것은 말씀의 선포입니다. 교회는 하나님의 가족이며, 그리스도의 나라입니다. 그렇기에 그 나라의 왕이신 그리스도의 말씀과 복음이 계속 선포되며, 말씀으로 인한 구원 사역과 성도들의 양육이 이루어져야 합니다. 그리스도께서 자신의 백성들에게 은혜를 베푸시며, 그분의 뜻을 보여주시는 방법은 그분의 말씀을 선포해 주시는 것입니다. 만약 그곳에서 그리스도의 말씀이 아닌 인간의 지혜나, 혹은 철학이 선포된다면 거기는 그리스도의 나라인 교회가 아니라 사람의 모임이 될 것입니다. 또는 잘못된 말씀과 교리가 선포된다면 그 교회는 잘못되고 부패한 교회입니다. 오직 그리스도의 백성들만이 그분의 말씀을 듣습니다. 그런 면에서 참된 말씀의 선포는 가장 중요한 교회의 표지입니다.

두 번째 표지는 성례의 건전한 시행입니다. 성례라는 것은 그리스도의 말씀과 약속을 확인해 주는 – 혹은 '인' 쳐주는 – 거룩한 의식입니다. 교회는 그리스도의 약속을 확인하기 위한 두 가지 성례를 가지고 있습니다. '세례'와 '성찬'입니다. '세례'는 성도에게 물을 뿌리거나, 혹은 물로 씻는 것인데, 성도가 예수를 믿고 그분을 구원자로 고백하여 하나님의 백성이 되었을 때, 그가 구원받았으며 하나님 나라의 백성이 되었다는 것을 확인해 주는 의식입니다. 세례는 두 가지 의미를 가지고 있습니다. 첫째는 물로 사람의 더러움을 씻듯이 그리스도의 피로 죄를 씻는다는 의미입니다. 그가 그리스도를 믿을 때 이미 성령으로 말미암아 깨끗하게 되었습니다. 그가 깨끗하게 되었음을 세례를 베풀어 확인해 주는 것입니다. 둘째는 세례를 받은 사람이 그리스도와 함께 연합되었다는 것입니다. 이것을 이해하기 좋게 보여주는 것은 '침례'입니다. '침례'를 받을 때 사람은 물속에 들어갔다가 나옵니다. 물속에 들어가는 것은 '죽음'을 상징합니다. 다시 물 밖에 나오는 것은 '부활'을 상징합니다. 그러므로 세례는 세례받는 성도가 '그리스도와 함께 죽고 살았음'을 의미합니다. '죄에 대하여 죽고 의에 대하여 사는 것'이며, '옛사람이 죽고 새사람으로 사는 것'입니다. 이로써 세례를 받은 사람은 중생된 자로 인정되며, 교회의 구성원으로 인정받게 됩니다. 그렇기에 세례는 교회의 의식으로서 사적으로 행하지 않으며, 반드시 교회 앞에서 행하게 되어 있습니다. 또한 교회의 봉사와 직분은 오직 세례받은 자만이 맡을 수 있습니다. 왜냐하면 아직 거듭나지 않은 자의 봉사를 하나님께서 받으실 리가 없기 때문입니다. 교회는 이런 면에서 세례를 받은 성도와 그렇지 못한 사람을 잘 구별할 필요가 있습니다.

세례 외에 두 번째 성례는 '성찬'입니다. 성찬은 그리스도께서 십자가에 달리시기 전 제자들과 마지막 유월절 만찬을 하시면서 제정하신 성례입니다. 이 성찬에서 성도들은 '빵과 포도주'를 나누어 먹고 마시는데, 이 빵과 포도주는 각각 그리스도의 몸과 피를 상징합니다. 그것도 특별히 십자가 위에서 우리를 위해서 찢으신 몸과 흘리신 피를 상징합니다. 이 성찬은 반드시 세례를 받고 하나님의 공동체에 들어온 성도들만이 받을 수 있습니다. 이 성찬 역시 두 가지를 의미합니다. 첫째는 예수 그리스도께서 우리를 위해서 고난을 당하시고 십자가 위에서 죽임을 당하신 것을 보여주는 것입니다. 교회는 성찬을 행함으로 구원자이신 그리스도께서 교회와 성도들을 위하여 자신을 희생하신 것을 확인하고 감사하게 됩니다. 이것은 예수께서 다시 오실 때까지 교회가 행할 의식입니다. 둘째는 성도들이 그리스도께서 주시는 생명으로 살아감을 의미합니다. 빵과 포도주는 사람이 먹고 생명을 유지하는 음식입니다. 그와 같이 예수께서 우리의 영적인 음식이 되셨습니다. 그리스도께서 주시는 은혜와 진리로서 우리의 새 생명이 유지되며 자라가게 됩니다. 이것은 마치 요한복음 15장에서 말하는 포도나무와 가지의 관계와 같습니다. 예수께서 포도나무가 되셨고 우리는 가지입니다. 성찬은 우리가 그리스도에게 붙어서 영적인 생명을 유지하는 것을 보여줍니다. 우리는 성찬을 행할 때마다 더욱 예수 그리스도와 견고하게 연합되어 그분과 함께 생명을 누리게 됩니다. 이 역시 예수 그리스도께서 오심으로 우리가 완전하게 될 때까지 계속될 의식입니다.

세 번째 표지는 교회 권징의 실행입니다. 교회 권징은 성도들 중의 어떤 사람이 그리스도의 말씀을 거역하며 범죄를 행하였을 때, 교회에서 그를 징계하는 것입니다. 이것을 치리라고도 합니다. 특별히 이 권징, 곧 치리는 장로회, 즉 당회, 노회, 총회에서 이루어지게 됩니다. 치리는 크게 두 가지 경우에 이루어지는데, 성도들 가운데서 교리적으로 잘못되거나, 혹은 삶이 부패하여 회개하지 않는 경우입니다. 이 징계는 예수님의 교훈마 18:12-19에 따라서 몇 가지 단계를 갖게 됩니다. 첫 번째는 잘못한 사람에게 개인적으로 권면합니다. 이때는 되도록 범죄한 사람을 보호하고 회개로 이끌고자 하는 것입니다. 그러나 듣지 않을 때에는, 두 번째로 두세 사람의 증인을 대동하여 함께 권면합니다. 이것은 그의 범죄나 잘못된 가르침에 대하여 다른 사람도 동일하게 잘못되었다는 생각을 하고 있다는 것을 보여주기 위한 것입니다. 물론 이 앞의 두 단계는 상황에 따라서 생략될 수 있습니다. 첫 번째 경우는 그 죄가 은밀한 죄인 경우입니다. 그러나 범한 죄가 공공연하기 때문에 이미 성도들이 모두 알고 시험에 빠져 있다면, 교회 차원의 치리로 바로 갈 수 있습니다. 세 번째로 그러한 개인적인 권함을 듣지 않을 때에는 교회에 말하여 모든 성도가 보는 앞에서 치리를 하게 됩니다.

그리고 이 치리에는 두 단계가 있는데, 첫 번째는 수찬성찬 정지입니다. 성찬을 금지시키는 것은 그가 범죄함으로 인하여 그리스도의 은혜와 교회의 하나됨으로부터 떨어지게 되었다는 것을 증명해 보이는 것입니다. 우리의 모든 은혜는 그리스도로부터 나오는 것입니다. 그 영적인 실체를 보여주는 것이 성찬입니다. 그런데 성찬을 금지한다는 것은 그리스도께서 범죄한 자에게 더 이상 은혜를 베풀지 않으신다는 중대한 의미가 있습니다. 주께서는 범죄한 자가 회개하게 하기 위해서 은혜를 끊어 어려운 상황에 처하게 하십니다. 이것을 보여주는 것이 수찬 금지성찬에 참여하는 것을 금지입니다.

두 번째는 출교입니다. 그리스도의 은혜가 끊어지는 위험에 처했음에도 불구하고 그가 돌이키지 않는다면 교회에서 행하는 모든 은혜의 모임을 금하고, 성도와의 교제를 끊게 하는 것입니다. 이것은 그가 하나님의 나라에서 쫓겨났음을 의미하는 것입니다. 그러나 이렇게 교회에 출입하는 것을 금할지라도 그것은 그로 하여금 심판을 받게 하기 위한 것은 아닙니다. 그를 징계하는 것은 그가 자신의 잘못을 깨닫고 구원을 받게 하기 위한 것입니다고전 5:5. 이런 면에서 출교를 당했던 사람일지라도 회개를 하였을 때는 교회가 그를 다시 받아줍니다. 그러므로 권징의 목적 중에는 하나님의 사랑이 자리 잡고 있어야 합니다. 권징은 현대 교회가 등한히 하는 것 중의 하나입니다. 설령 권징이 실행되더라도 교회가 근신하고 갱신되는 게 아니라, 오히려 큰 풍파가 일어나곤 합니다. 이것은 대단히 우려스러운 상황입니다. 그러나 역사적으로 교회는 성도들이 하나님의 말씀에서 떠나거나, 혹은 부도덕에 빠지지 않도록 치리를 해왔습니다. 그럴 때에만이 교회의 거룩을 유지할 수 있기 때문입니다. 사랑은 의와 함께 가야 합니다. 의가 없는 사랑은 부패하게 됩니다. 그러므로 이 치리에 대해서 교회가 깊이 고민해 봐야 합니다.

교회 안에 있는 여러 가지 직분

그리스도께서는 교회의 유익을 위하여 직분자를 세우십니다

앞에서 교회의 직분에 대해서 잠깐 언급했습니다. 엡 4:11절에는 여러 가지 교회의 직분이 언급되어 있습니다. 물론 성경이 완성된 지금 교회 안에서 사도와 선지자가 더 이상 없습니다. 그럼에도 불구하고 그리스도 께서는 지금도 하늘에서 자신의 지체된 교회의 성도들에게 은혜를 주시 고 그들을 직분자로 세우십니다. 이에 따라서 교회는 목사, 교사, 장로, 집사와 같은 직분을 세울 수 있는 것입니다. 그러면 이렇게 직분을 주시 는 이유가 무엇일까요? 12절에 나와 있습니다. 이렇게 직분을 주시는 이 유는 '성도를 온전하게 하여 봉사의 일을 하게 하며 그리스도의 몸을 세 우려 하심'입니다. 이것이 직분자의 가장 큰 사명입니다. 직분자를 세우 신 것은 그로 하여금 교회를 세우며 풍성케 하기 위함입니다. 직분을 가 지고 권세를 누리라고 주신 것이 아닙니다. 그리스도께서 은사를 주신 것은 그를 통하여 많은 사람들이 은혜에 참여하기 위한 것입니다. 즉, 교 회를 위해서 그 사람에게 주신 것입니다. 그러나 은사를 받고 직분자로 세움을 받은 사람들은 곧잘 자신이 특별해서, 다른 사람보다 잘나서 직 분자로 세워졌다고 착각을 합니다.

그것에 대해서 다룬 것이 바로 고린도 교회에서 나타난 문제입니다. 고린도 교회에서는 은사를 받은 사람들이 은사가 없는 사람을 무시하 는 일이 벌어졌습니다. 심지어 은사가 없는 자를 불필요하다고 생각했습 니다고전 12:21. 사도바울은 이 사람들을 꾸짖습니다. 은사를 주신 것은 나 누어 주어 함께 풍성해지라고 주신 것입니다. 그러나 어리석은 고린도 교인들은 은사를 가지고 서로 자랑하며 누구 믿음이 더 크냐고 싸우고 있었습니다. 그들에게는 천사의 방언을 하는 사람도 있었고, 예언하는 사람도 있었고, 큰 믿음을 자랑하는 사람도 있었습니다. 그러나 은사와 직분은 다른 사람을 위해서 주는 것입니다. 그렇기 때문에 이 모든 일이 있어도 '사랑'이 없으면 아무 소용이 없다고 말합니다고전 13장. 사랑이 있 을 때에만이 자기가 가진 직분을 다른 사람을 위해서 사용할 수 있기 때문입니다. 사랑이 없는 은사는 문제를 일으키고, 교회에 해를 줄 뿐입니다. 사도바울는 에베소서에서 은사를 가진 사람을 통하여 교회가 온전해지며 세움을 받아야 한다고 말합니다. 이것이 직분자를 주신 이유입니다. 목사든, 장로든, 집사든 한 사람이 세워짐으로 인하여 교회 전체가 유익을 얻어야 하는 것입니다. 이것이 교회를 세운 목적입니다. 이렇기 때문에 교회 안에서 각종 직분자의 도움을 받아 성장하지 않고는 믿음이 바로 자랄 수가 없습니다. 그리스도께서 교회를 세우시고 직분자를 주신 이유는 '성도를 그리스도에게까지 자라게 하기' 위해서 주신 것이라고 말합니다엡 4:15. 그렇다면 이렇게 교회에 연합하지 않고 혼자 신앙이 자랄 수 있다고 하는 것이 얼마나 위험하고 무모한 일인지 알 수 있습니다. 영혼은 교회의 보호와 양육 없이는 곧 영혼을 노략하는 악한 이리들에게 노략당할 것입니다.

직분의 네 가지 종류
: 집사, 교사, 장로, 목사

그렇다면 교회 안에 있는 직분에는 어떠한 것들이 있을까요? 먼저 어떤 사람들은 고린도전서 12장의 내용에 입각하여 수많은 은사들이 있으며, 그 은사들에 상응하는 수많은 직분들이 있을 것이라고 생각합니다. 그러나 그것은 별로 옳은 생각이 아닙니다. 그 이유는 다음과 같습니다. 첫 번째로 고린도 교회에 있던 수많은 은사들이 다른 교회에서 꼭 똑같이 나타나지 않습니다. 고린도 교회에 있었던 방언, 통역과 같은 은사는 다른 서신서들에서 나타나지 않습니다. 로마서에서는 '예언, 섬기는 일, 가르치는 일, 위로하는 일, 구제하는 일, 다스리는 일, 긍휼을 베푸는 일'을 말할 뿐입니다롬 12:6-8. 또 에베소서에서도 주로 말씀을 가르치는 일에 대해서만 말하고 있습니다앱 4:11. 특히 사도바울이 제자 디모데에게 쓴 편지에서는 감독, 집사에 대해서 말할 뿐입니다딤 3장. 다른 본문에서도 나타나는 것은 주로 말씀을 가르치는 사역자들과 함께 장로, 집사행 6장들만 언급될 뿐입니다. 두 번째로 고린도 교회의 많은 은사들이 교회에 도움이 되지 않았음을 잊지 말아야 합니다. 고린도 교회는 많은 은사가 있었음에도 불구하고 다른 교회에는 없는 근친상간이 있었으며, 분파가 있었습니다. 이런 것들은 그렇게 다양한 은사들이 교회에 큰 유익을 끼치지 못했음을 보여주는 것입니다. 세 번째로 역사적으로 볼 때에 어느 지역에 처음 교회가 세워질 때에는 많은 신비한 일들이 일어나며 많은 은사들이 나타납니다. 이것은 하나님께서 살아계셔서 지금도 역사하시며, 이 말씀 사역자들이 전하는 복음이 참되다 하는 것을 그분이 친히 증거하시는 것입니다. 이것을 보고 말씀을 처음 듣는 사람들이 큰 감동을 받아서 하나님을 믿기 시작하는 것을 볼 수 있습니다. 그러나 교회가 안정되어 가기 시작하면 이러한 신비한 은사들은 점점 줄어들고 믿음이 점차로 말씀 위에 서게 됩니다.

은사가 많은 교회는 오히려 어린 교회인 경우가 많습니다. 하나님께서 주신 말씀을 잘 모르고 받아들이지 못하는 아이와 같은 신앙을 가지고 있는 것입니다. 그러나 장성하면 장성할수록 이제 그러한 것보다 하나님의 말씀을 잘 깨닫는 것으로 충분하기 때문에 기적이 줄어듭니다. 마치 밥을 잘 먹지 않는 약한 어린 아이에게는 이것저것 보약도 먹이고 영양제도 먹이는 것과 같습니다. 그러나 밥을 이것저것 잘 먹으면 더 이상 보약이 필요 없는 것입니다. 만약 보약으로 아이를 키우겠다고 생각하는 부모가 있다면 그 사람은 이상한 사람일 것입니다. 이와 같이 믿음과 말씀이 든든히 서나가는 교회는 화려한 기적보다는 하나님의 말씀이 주는 위로와 뜻을 찾게 됩니다. 이로 인해서 교회는 항상 수많은 직분을 만들어내기보다는 성경적인 네 가지 직분을 확고하게 잡고 있습니다. 바로 목사, 장로, 교사, 집사입니다.

이 전통에 따라서 장로교회는 교회 안에서 네 가지 직분을 '항존직'이라고 말합니다. 여기서 '항존직'이라는 말은 한번 직분을 가지면 죽을 때까지 갖는다는 의미가 아닙니다. 이것은 예수께서 재림하실 때까지 그분의 교회 안에는 이러한 직분들이 계속해서 있어야 한다는 것을 의미합니다. 즉, 교회 안에는 형편에 따라서 어느 직분이 없을 수는 있지만, 교회가 성경적으로 온전히 성장하기 위해서는 목사와 장로와 집사와 교사 ^{지금의 신학 교수들을 말합니다}가 꼭 있어야 한다는 것입니다. 이 밖에 '임시직'이라는 것이 있습니다. 임시직은 성경에 있는 것은 아니지만, 형편에 따라서 교회들이 만들어놓은 직분입니다. 이것은 교회들이 상의해서 만들거나 없애거나 대체를 한다고 해도 큰 문제가 되지 않는 것들입니다. 대표적인 것이 '전도사', '강도사' 직분 같은 것들입니다. 이러한 직분은 성경에는 없지만 교회가 판단하여 있는 것이 유익하다고 생각한 것입니다. 그러나 환경에 따라서 교회들이 다시 없앨 수도 있습니다.

집사는 봉사, 즉 긍휼을 담당하는 직분입니다

집사 직분이 어디에서 시작되었는가를 보면 집사의 할 일이 무엇인지 알 수 있습니다. 행 6:1-7절을 보면 예루살렘 교회에 문제가 생겼습니다. 당시 예루살렘 교회는 성도들이 헌금을 하여 교회 안에 들어와 있는 가난한 성도들을 구제하였는데, 거기에서 헬라파 유대인들, 즉 이스라엘 안에서 태어나지 않고 이방에서 태어난 유대 과부들이 자꾸 구제에서 빠지는 것입니다. 이것이 불만이 되었고, 교회의 긍휼의 사역을 조금 더 효과적으로 할 수 있게 하기 위해서 일곱 집사를 따로 세운 것입니다. 여기에서 두 가지를 생각할 수 있습니다. 첫 번째로 집사는 성도와 이웃들에게 긍휼을 베푸는 봉사직이라는 사실입니다. 교회에서 긍휼을 베푸는 사역을 위해서 집사직을 세웠다는 것이 사도행전의 증언입니다. 디모데 전서에서도 사도바울 선생님이 제자 디모데에게 집사에 대해서 상세하게 설명하는 것을 볼 때, 초대 교회에서 집사직은 중요한 직분이었음을 알 수 있습니다.

그러나 이 집사직은 중세 교회에서는 거의 잊힌 직분이었습니다. 교회 안에서는 미사를 행할 수 있는 사제만 중요시되고 그 외의 직분은 의미를 잃게 되었습니다. 집사는 사제가 되기 전의 하나의 거쳐가는 직분으로 이해되었고, 하는 일도 사제를 옆에서 돕는 일에 불과했습니다. 그러나 종교 개혁자들은 성경을 연구하여 이 집사직의 본래의 의미를 찾았습니다. 그것은 교회 안과 밖의 어렵고 가난한 사람들을 도와서 그들이 신앙과 삶을 영위할 수 있게 하는 일입니다. 롬 12:8절에 있는 여러 직분 중에서 '섬기는 일', '긍휼을 베푸는 일' 등을 이 집사직으로 해석합니다.

두 번째로 집사가 하는 긍휼의 사역은 헌금의 사용과 연관되어 있기 때문에, 교회 안의 재정을 관리하고 사용하는 주체가 된다는 사실입니다. 본문에서 하는 구제는 돈과 물건으로 하는 것이었을 것이고, 이것을 관리하여 사용하는 사람들이 집사였습니다. 이에 따라서 교회 안의 헌금의 사용은 집사들에 의해서 이루어져야 합니다. 성경 본문에서는 보는 바와 같이 헌금을 어떻게, 얼마만큼, 누구에게 사용해야 할지를 다 집사에게 위임하고 사도들은 전혀 관계하지 않은 것으로 보입니다. 큰 방향에서 헌금의 사용 목적은 사도들과 교회들이 결정했겠지만, 헌금의 실제적인 사용은 집사들의 지혜에 달린 문제였습니다. 이러한 문제에 다른 직분이 관여하는 것은 좋지 못합니다. 성경적으로 하자면 헌금의 사용은 집사들에게 맡겨진 것입니다.

세 번째로 이 헌금과 함께 연관되어 생각해야 할 일은 교회의 운영입니다. 이것은 현대적인 의미가 많이 들어간 것이라고 할 수 있습니다. 지금 교회 안에는 구제 이외에도 여러 가지 행사가 있을 수 있습니다. 하다못해 예배 후에 함께 밥을 먹는 것과 야유회에 나가서 성도들을 대접하는 것 역시도 '섬기는 일'로 들어갈 수 있을 것입니다. 물론 다른 직분자들은 뒷짐만 지고 있고, 집사들만 땀을 흘리고 있다면 이것은 위에서 말한 교회의 한 지체성을 파괴하는 일일 것입니다. 그럼에도 이러한 일들, 특별히 섬기는 일이며, 헌금이 사용되는 일에는 당연히 집사가 앞장서서 기획을 하고 일을 진행해야 합니다. 자신이 성경적으로 옳은지, 혹은 문제가 없는지 다른 직분자들과 상의하면서 일을 진행하는 책임이 집사에게 있습니다. 이 외에도 교회의 많은 행사들, 예를 들어서 전도 대회, 각종 절기 행사 등에는 당연히 헌금이 사용되며, 함께 봉사해야 할 사람들이 요구됩니다. 이런 일에 집사들의 봉사가 필요합니다.

교회가 모은 헌금의 용도

집사가 헌금을 사용해야 한다면 헌금의 용도는 어떠해야 할까요? 헌금은 예배를 통하여 하나님께 드린 우리의 재산의 일부분입니다. 그렇기에 당연히 하나님의 뜻대로 쓰여야 할 것입니다. 그렇다면 헌금을 가지고 무엇을 할 수 있을까요? 칼빈의 기독교 강요를 보면 헌금을 크게 네 등분하여 다음의 목적으로 지출하라고 되어 있습니다. 첫 번째 사 분의 일은 말씀 사역자의 생활비입니다. 말씀 사역자에게 생활비를 주는 것은 그로 하여금 말씀에 전념하여 성도들에게 좋은 은혜의 말씀을 전하게 하기 위한 것입니다. 교회의 규모가 작아서 말씀 사역자를 다 봉양할 수 없을 경우에는 어쩔 수 없지만, 그렇지 않을 경우에는 말씀 사역자가 말씀 사역에 전념할 수 있도록 도와주는 것이 좋습니다. 만약 말씀 사역자가 생활비를 벌기 위하여 말씀을 준비하는 데에 시간을 투자할 수 없게 되고, 그로 인해서 예배 속에서 하나님의 풍성한 위로가 선포되지 않는다면 그 피해는 성도들이 당하게 됩니다. 교회가 풍성해지기 위해서는 말씀이 풍성해야 합니다. 두 번째 사 분의 일은 교회의 제반 사항을 위해 지출하는 것입니다. 교회당을 유지하고, 기타 교회에서 이루어지는 교육과 행사에 헌금을 지출하는 것입니다. 세 번째 사 분의 일은 구제입니다. 교회 안과 밖의 어려운 사람들에게 도움의 손길을 베푸는 것입니다. 이것은 마치 그리스도께서 사람들을 불쌍히 여겨 그들을 먹이시고, 병을 고쳐주신 것과 같이 교회가 그리스도의 긍휼의 손길이 되어서 성도들과 세상 사람들에게 그리스도의 사랑을 전파하는 것입니다. 네 번째 사 분의 일은 말씀 사역자에게 또 주는데, 이 역시 구제를 위한 것입니다. 종교 개혁 당시에는 많은 빈민들, 혹은 피난민들이 그 지역 교회의 목사를 찾아가서 도움을 요청하는 일이 많았습니다. 이로 인해서 목사의 집에는 항상 먹을 것과 잠자리를 요청하는 사람들이 끊이지 않았습니다. 교회는 목사에게 추가로 헌금을 맡기고 이들을 돕는 데 부족함이 없도록 배려한 것입니다. 여기서 우리는 헌금의 사용처를 몇 가지로 정리할 수 있습니다. 말씀 사역자의 생활비, 교회의 제반 사항을 위한 지출, 그리고 구제입니다. 많은 부분이 어려운 사람들을 돕는 일에 사용되었음을 알 수 있습니다. 그리고 헌금을 배분하여 지혜롭게 사용하는 것은 집사들에게 위임된 일이었고, 이와 함께 교회의 여러 일들을 위한 지출 역시 집사가 한 일이었음을 알 수 있습니다.

집사는 어떤 사람이 할 수 있을까요? 성경은 집사의 조건에 대하여 다음과 같이 말합니다.

'이와 같이 집사들도 단정하고 일구이언을 하지 아니하고 술에 인박히지 아니하고 더러운 이를 탐하지 아니하고 깨끗한 양심에 믿음의 비밀을 가진 자라야 할지니 이에 이 사람들을 먼저 시험하여 보고 그 후에 책망할 것이 없으면 집사의 직분을 하게 할 것이요 여자들도 이와 같이 단정하고 참소하지 말며 절제하며 모든 일에 충성된 자라야 할지니라 집사들은 한 아내의 남편이 되어 자녀와 자기 집을 잘 다스리는 자일지니 집사의 직분을 잘한 자들은 아름다운 지위와 그리스도 예수 안에 있는 믿음에 큰 담력을 얻느니라.' 딤전 3:8-13

성경이 말하는 것은 크게 세 가지입니다. 첫 번째로 행위에서 성도의 삶에 크게 무리가 없는 사람이어야 하며, 두 번째로 복음믿음의 비밀을 잘 알고 있어야 합니다. 세 번째로 가정을 큰 분란 없이 잘 다스리는 사람입니다. 이러한 것들은 어찌 보면 극히 어려운 조건들로 보입니다. 그러나 다르게 보면 성도로서 복음을 잘 깨닫고 성도답게 살고자 하는 자에게 찾아오는 열매를 말하는 것입니다. 한마디로 복음을 알고 있는 성도이고, 그리스도를 따라 살고자 소망하는 사람이면 됩니다. 사도바울은 이 외에 어떤 조건도 달지 않습니다. 학력, 재산, 특별한 영적 체험 등은 집사 직분의 조건이 아닙니다. 하나님은 우리에게 능력을 요구하시지 않습니다. 그리스도를 아는 자로서 그리스도의 모습을 보이는 것이 요구될 뿐입니다. 한국 교회는 전혀 엉뚱한 것을 기준으로 삼아 직분자들을 세우기도 합니다. 그러나 위에서 이미 얘기한 대로 직분자들은 그리스도를 드러내는 책임을 지닌 자들이라는 사실을 잊지 말아야 하겠습니다.

권사 직분은 장로와 같이 성도들을 권면하기 위하여 기도하는 직분입니다

권사는 본래 초대 교회 때부터 있었던 직분은 아닙니다. 그렇다고 해서 그 직분이 성경적인 직분이 아닌 것은 아닙니다. 교회는 역사하시는 하나님의 손길로 인해서 그 시대에 필요한 직분을 두기도 합니다. 그 직분 중의 하나가 '권사'입니다. 이 '권사'의 직분은 한국 교회와 연관되어 있습니다.

한국 교회는 초기부터 많은 여성 성도들의 헌신과 눈물로 세워졌습니다. 그들 중 어떤 분들은 전도 부인으로 복음이 없는 곳에 가서 복음을 전하여 교회를 세우고, 교회가 세워진 후에도 전도사와 같이 성도들을 심방하고 돌보는 일을 감당하였습니다. 권사라는 명칭은 1910년 장로교 독노회 회의록에서부터 나타납니다. 당시 권사는 전도부인에 가까웠습니다. 그리고 장로교 안에서 권사라는 직분은 1930년대부터 나타나기 시작했습니다. 교회 안에서 존경을 받으며 말씀과 기도에 능숙한 분들을 권사로 세워서 성도들을 돌보며 기도하는 일에 참여하게 한 것입니다. 권사는 특성상 당회에 들어가지는 않지만 성도들을 돌보는 '여자 장로'와 같은 직분적 특성을 가집니다. 그러므로 교회의 권위자로서의 영예를 가집니다. 권사는 그 직분에서 세 가지를 합니다. 첫째는 제직회에 참여하여 교회의 제반 사항에 참여합니다. 둘째는 교회의 직분자를 도와서 성도의 가정을 심방하며 상담하는 일을 합니다. 셋째는 교회 성도들의 모범으로서 어머니와 같이 교회를 돌봅니다. 이 외의 권사의 자격 등은 장로의 자격과 비슷하다고 할 수 있습니다. 이것은 다음에 장로의 자격에서 살펴보겠습니다.

치리 장로는 성도들을 권면하며 돌보는 직분자입니다

치리 장로 직분의 역사는 대단히 깁니다. 치리 장로는 신약뿐만 아니라 이미 구약에서도 나타납니다. 출 3:16절 등에서 이미 장로가 언급됩니다. 이는 고대에서부터 장로가 어떤 성읍을 치리하며 감독했다는 것을 말합니다. 그리고 모세 시대에 이르러 백성들의 대표자로 장로를 세웠습니다. 특별히 하나님은 70명의 장로를 세우고 그 장로들이 모세와 함께 이스라엘을 통치하게 했습니다 민 11:16. 이후로 장로들은 체계적으로 치리할 수 있는 재판정을 세우고 백성의 송사를 재판한 것으로 성경에 종종 나타나고 있습니다. 이처럼 이스라엘에 왕이 있음에도 불구하고 각기의 성읍에서는 장로들의 성읍 백성들의 재판을 담당했다는 것은 흥미롭습니다. 왕이라는 하나님이 세우신 통치자가 있었지만, 각기 성읍의 문제를 일단 장로들이 먼저 해결하도록 했습니다. 이런 면에서 장로들은 존경받는 자로서 이스라엘을 이끌며 재판하는 역할을 했음을 알수 있습니다. 중간기 시대에 회당이 생겼을 때, 장로들은 여러 회당과 연결되어서 회당장이라고 불렸습니다 마 5:22, 26:3.

그리고 신약에 와서 교회의 치리를 위한 장로직을 두기 시작했습니다. 구약에서의 장로직은 국가 교회인 이스라엘의 통치와 백성들의 재판을 위해서 존재했다면, 신약에서는 국가와 사회 통치의 역할은 사라지고 오직 교회의 성도들을 권면하고 양육하며 치리하기 위한 직분으로 세움을 받게 되었습니다. 장로들에 대해서는 신약성경 곳곳에서 언급되고 있는데, 이 직분에 대해서 자세히 언급하는 것은 디모데전서 3장입니다. 여기서 사도바울은 에베소 교회에 있는 디모데 목사님께 교회를 위한 직분자를 속히 뽑으라고 촉구하면서 직분자의 자격에 대해서 논하고 있습니다. 여기서는 '감독'이라는 말로 표현되어 있습니다. '감독'은 다른 말로

'장로'라고 할 수 있습니다. '장로'라는 말은 그 직분이 가지게 되는 존귀함을 드러내는 것이라면, '감독'은 그 직분이 하는 일을 드러내는 명칭입니다. 즉 성도들을 말씀으로 '감독'하며 '치리'하는 자라 하는 것입니다. 딤전 3장은 이 감독의 직분의 자격에 대해서 딤전 3:1-7절에서 설명하고 있습니다. 이 본문을 볼 때 다음의 내용을 알 수 있습니다.

❶ 먼저 사도바울은 감독의 직분은 선한 일을 사모하는 것이라고 하고 있습니다. 이것은 그 직분이 권력이나 힘을 구하는 것이 아니라, 주 안에서 선한 일을 사모하는 것이라고 하고 있습니다. 모든 교회 안에서의 직분은 섬김의 직분입니다.

❷ 감독으로 세우려 하는 자는 '책망할 것이 없어야' 한다고 했습니다. 이것은 그에게 어떤 큰 문제가 없음을 뜻합니다. 그리고 본문은 특별히 '외인', 즉 이방인과 믿지 않는 사람에게도 선한 소문을 가진 사람이어야 한다고 합니다. 참된 성도는 신앙의 영역에서 뿐만 아니라, 세상 속에서도 선한 사람이라는 증거가 나타날 것입니다.

❸ '한 아내의 남편'이라는 것은 그 당시 로마의 풍습에 따라서 '첩'을 두지 않는 자라는 것을 말하는 것입니다. 성적으로 방종하지 않으며, 가정이 온전함을 뜻합니다. 또한 '자녀들로 모든 공손함으로 복종하게 하는 자'라고 합니다. 이것은 장로가 될 자가 자녀들로부터 신앙의 사람으로 인정받는 사람임을 말하는 것입니다. 교회를 치리하는 자는 당연히 가정을 치리하는 자일 것입니다.

❹ 이 밖에도 성경은 그의 성품에 대해서 많이 언급하고 있습니다. '신중', '단정', '관용', '다투지 않음'은 모두 그리스도를 닮은 성품을 가진 자라는 것을 말하는 것입니다.

❺ '돈을 사랑하지 않음'은 단순히 청빈함을 뜻하는 것은 아닙니다. 성경은 돈이 없는 사람이 아니라, 돈을 사랑하지 않는 사람이라고 말

합니다. 돈을 추구하느라 탐욕을 부리고 경건을 재물로 삼는 사람이 아니어야 한다는 것입니다.

❻ 마지막으로 신앙생활을 한 지 얼마 안된 사람은 세우지 말라고 합니다. 자칫 교회에서 높임을 받고 교만해질 수 있기 때문입니다.

이 내용들을 가만히 들여다보면 이 조항들은 단순히 직분자를 위한 것이라기보다는 성도가 그리스도를 닮아가면서 나타나는 여러 가지 성품과 삶의 측면을 설명했다는 것을 알 수 있습니다. 이런 것을 볼 때 장로는 단순히 치리하는 사람이 아니라 성도의 모범이 되는 사람이라는 것을 말하고 있습니다. 교회 안에서 세움을 받는 모든 직분은 단순히 기능직이 아니라, 그리스도를 드러내는 직분입니다. 그러므로 기능 이전에 사랑과 성품과 거룩한 삶이 있어야 합니다. 만약 목사가 설교를 잘하지만 삶은 방탕하다면 전혀 목사로서의 직분을 행할 수 없을 것이고 장로직도 마찬가지입니다. 장로는 단순히 치리하고 감독하는 사람이 아니라, 자신이 몸소 앞장을 서서 모범을 보이는 사람입니다. 신앙이 어린 사람들은 이런 그리스도 안에서 성숙한 사람인 장로들을 보고 따라가는 것입니다.

그렇다면 치리 장로의 본분은 무엇일까요?

"장로는 목사와 더불어 당회와 노회 및 총회에서 교회를 치리하고, 교인을 감독하며 훈육하고 심방하는 모든 일에 목사를 돕고, 교회의 평안을 구하고 연합하게 할 것과 거룩하게 할 것을 구하여 행하며, 목사가 없을 때에는 목사를 구할 동안에 노회의 지도하에 주일마다 인도할 강도인(설교자)을 택하여 세우며, 사람을 얻지 못하면 자기가 성경 본문과 읽을 책들을 선택하여 예배를 인도할 수 있다." 교회정치 문답조례, J. A. 핫지

이 본문은 장로가 무엇을 하는지 분명히 보여줍니다. 요약하면 '성도의 영적 생활을 지도하며 도와주는 것'입니다. 이것이 장로의 사명이며, 이 일을 위해서 장로는 앞에서 살펴본 질서에 따라서 '치리'를 하게 됩니다.

지금까지 교회와 교회 안에 있는 여러 가지 직분들에 대해서 살펴보았습니다. 모든 내용들을 마침에 있어서 두 가지를 기억하고자 합니다. 첫째는 이 직분들은 교회의 머리 되신 한 분 그리스도께서 그분이 기뻐하신 대로 주신 것이라는 사실입니다. 그러므로 이 직분 모두가 그리스도와 성령으로부터 나왔습니다. 당연히 이 직분에는 계급이 없습니다. 그러므로 서로가 직분을 가지고 누가 높은지 논쟁을 하는 것은 아무런 의미가 없습니다. 그것은 오히려 직분을 주신 주님을 슬프시게 하는 일이 될 것입니다. 모든 직분이 의미를 갖게 되는 것은 사랑이 근거가 될 때입니다.

"내가 사람의 방언과 천사의 말을 할지라도 사랑이 없으면 소리 나는 구리와 울리는 꽹과리가 되고 내가 예언하는 능력이 있어 모든 비밀과 모든 지식을 알고 또 산을 옮길 만한 믿음이 있을지라도 사랑이 없으면 내가 아무것도 아니요."고전 13:1-2

모든 직분자는 이 말씀을 기억하셔야 합니다. 직분자의 능력은 능률이 아니라 사랑이며 충성입니다. 둘째로, 이 직분은 서로 도와서 선을 이루는 주님의 수단들이라는 것을 생각해야 합니다. 모든 직분자는 이 목적을 위해서 봉사를 합니다. "성도를 온전하게 하여 봉사의 일을 하게 하며 그리스도의 몸을 세우려 하심이라 … 오직 사랑 안에서 참된 것을 하여 범사에 그에게까지 자랄지라 그는 머리니 곧 그리스도라."엡 4:12,15 직분자들은 함께 협력해야 합니다. 독자적으로 일할 수 있는 직분은 없습니다. 마치 손과 발이 함께 일하며, 손과 눈이 함께 일하는 것과 같습니다. 그러므로 직분을 가르는 것은 별로 좋지 못합니다. 아울러 직분이 하는 모든 일의 목적은 그리스도에게까지 성도를 자라가게 하는 것입니다. 직분자 자신이 아니라 그리스도가 드러나서, 성도들이 그에게서 그리스도를 보며 그분의 은혜를 받을 때 직분자는 자기의 직무를 충실히 행하고 있는 것입니다.

교회의 고백과 찬양

고백과 찬양 **7**

종말에 대하여

종말에 대하여

"이것들을 증언하신 이가 이르시되 내가 진
실로 속히 오리라 하시거늘 아멘 주 예수여
오시옵소서" 계 22:20

성경의 교리를 주제별로 따질 때, 일반적으로 성경론, 신론, 인간론인죄론, 그리스도론, 구원론, 교회론, 그리고 마지막으로 종말론을 말합니다. 성경에서 '종말'이라는 것을 말하는데, 특별히 이 세상의 마지막을 말합니다. 물론 '개인적인 종말론'도 있습니다. 개인적인 종말론은 성도의 죽음을 말합니다. 그러나 여기에서는 '우주적 종말론', 즉 예수님의 재림과 세상의 마지막만을 생각해 보겠습니다.

⬥ 우주적 종말론

세상의 종말과 구원의 완성

우리가 살고 있는 이 세상에 마지막이 있다는 것은 두 가지 측면에서 당연히 있어야 하는 사건입니다. 첫 번째로 하나님께서 창조하신 세상이 마침내 그분으로 인하여 끝난다는 것을 의미합니다. 하나님은 세상을 창조하시되 하나님의 나라를 세우시기 위한 목적으로 창조하셨습니다. 이 세상에 세우신 하나님의 나라는 지금도 그분의 인도 아래에서 완성되고 있는 중입니다. 그리고 세상은 하나님의 나라가 실현되는 배경과 무대역할을 하고 있습니다. 그러나 하나님의 나라는 과정 속에 있지 않고 하나님의 작정 가운데 완성이 있으며, 그 나라가 완성될 때 이 세상의 역할도 끝날 것입니다. 그러므로 하나님 나라의 완성과 함께 세상의 끝이 오는 것은 자연스러운 일입니다. 성도는 이미 완성된 하나님의 나라를 바라보며 소망하는 것입니다. 두 번째로 종말은 성도의 구원의 완성과도 연관되어 있습니다. 하나님은 영원 전에 예정하신 성도의 구원을 이 땅에서 시작하십니다. 그리고 마침내 세상의 종말 때에 완성될 것입니다. 성경은 우리의 구원을 시작하신 분이 예수의 날까지 이루실 것이라고 권면하고 있습니다빌 1:6. 그러므로 성도의 구원론 차원에서도 종말은 있을 수밖에 없습니다. 하나님 나라와 구원의 완성을 이루는 세상의 종말은 메시아의 재림과도 연결되어 있습니다. 왜냐하면 하나님이 보내신 메시아께서 구원을 이루는 주체자이시기 때문입니다. 그분이 시작한 하나님 나라와 구원을 그분이 완성하셔야 합니다. 성도의 구원은 하나님께서 보내신 구원자 메시아가 처음 오셨을 때 실현되었습니다. 그분이 십자가 위에서 죽으시고 부활하심으로 백성들의 구원을 이루셨습니다. 그 후에 승천하신 예수께서는 이 세상에 다시 오신다고 약속하셨습니다. 성도들의 구원을 충만하게 완성하시기 위해서입니다. 그러므로 세상의 종말은 예수님께서 다시 오실 때 있을 것입니다.

구원의 소망

성도들은 구원의 소망으로 두 가지를 바라보며 기대하는 자들입니다. 즉, 그리스도의 다시 오심으로 있을 하나님 나라의 완성과 구원의 완성입니다. 종말론은 모든 성도들이 함께 고백하는 중요한 신앙의 내용입니다. 그러나 교회사를 살펴볼 때 종말론에는 많은 오해들이 있었습니다. 그러면 성경에는 세상의 마지막에 대해서 어떻게 기록되어 있을까요? 이것을 알아보기 전에 먼저 종말론에 대한 오해를 잠깐 보겠습니다.

종말론에 대한 오해

윤리적 종말론

잘못된 종말론에 대한 이론 중에 '윤리적 종말론'이 있습니다. 이것은 주로 19세기 자유주의 신학자들에게서 나온 것인데, 윤리적이고 도덕적인 세상이 성경에서 말하는 새 하늘과 새 땅이라는 것입니다. 그들은 예수께서 재림하신다는 예언 등을 일종의 신화로 해석합니다. 그렇기에 그리스도인들이 재림의 소망을 가지고 윤리적이고 도덕적인 세상을 꿈꾸는 것이 종말론의 목적이라고 합니다.

실존주의적 종말론

둘째로 '실존주의적 종말론'이 있습니다. 이 종말론은 주로 20세기의 실존주의적 신학을 전개한 신학자들에게서 나온 주장입니다. 이들은 새 하늘과 새 땅이 이미 성도에게 실존적으로 임했다고 해석합니다. 그러므로 성도들이 새 하늘과 새 땅을 꿈꾸며 산다면 이미 종말은 실현되었다는 주장입니다. 이들 역시 예수의 실재적인 재림이나, 세상의 실제적인 마지막을 믿지 않습니다.

이미 실현된 예수님의 재림을 주장

셋째로 일부 여호와의 증인 같은 종교 단체들은 이미 예수의 재림이 실현되었다고 주장합니다. 그들에 따르면 1975년 이미 예수가 영적으로 재림했고, 지금 천년 왕국을 이루고 있다고 하는데, 그들의 주장에는 아무런 실제적인 증거가 없습니다.

시한부 종말론

넷째로 전통적인 교회를 흔들었던 가장 큰 잘못된 종말론은 '시한부 종말론'입니다. 그들은 예수의 재림의 날짜를 성경을 통해서든, 계시를 통해서든 알 수 있다고 하며, 예수의 재림 직전이나 혹은 예수의 재림을 중간에 두고 칠 년 대환란이 있을 것이며, 그 후에서는 세상의 천년 왕국이 이루어지고, 그다음에 사탄이 잠깐 놓였다가 결박당한 후에 영원한 나라가 이루어질 것이라고 주장합니다. 이것의 이론적 근거는 세대주의적 종말론입니다. 이로 인해서 21세기를 맞이하는 한국 교회는 큰 혼란을 겪었습니다. 어떤 사람들은 20세기 말에 예수께서 재림하실 것이라고 생각하여 가족과 학교와 직장을 버리는 극단적인 행동을 하기도 했습니다. 그들은 예수님의 재림의 날짜를 여러 가지 증거, 성경구절의 추론, 개인적인 체험 등을 들어서 확증하였으나, 불발로 끝났습니다. 사실 이 문제는 종말론에 대한 것이기보다는 구원론에 대한 것입니다. 왜 그럴까요?

잘못된 종말론이 교회 안에서 판을 치는 이유는 성도의 불안에서 나온 것입니다. 다시 말하면 자신의 신앙생활, 혹은 신앙의 수준을 가지고는 다시 오시는 예수님을 맞이할 수 없다고 생각하기 때문입니다. 여기에 대해서 잘못된 종말론을 가르치는 자들은 재림하시는 예수를 맞이하기 위해서는 특별한 헌신과 증거가 필요하다고 말합니다. 성도들의 불안과 거짓 선생들의 교훈이 맞아 떨어져서 한국 교회가 큰 진통을 겪었던 것입니다. 그러나 성도가 가진 구원의 확실성, 그리고 예수님의 재림이 구원에 갖는 의미를 알고, 그 위에 자기의 신앙을 세운다면 잘못된 종말론에 빌미를 주지 않을 것입니다.

종말과 예수님의 재림

종말의 때에 깨어 있는 신앙

종말과 예수님의 재림에 대해서 성경이 말하는 것이 무엇인지 살펴보도록 하겠습니다. 내용에 들어가기 전에 한 가지를 분명히 하려고 합니다. 다름 아니라 예수께서 재림하시는 날짜는 우리가 절대로 알 수 없다는 것입니다. 추정, 혹은 추측을 말하는 사람도 있는데, 그 역시도 헛된 것입니다. 예수님은 이렇게 말씀하십니다.

"그러므로 깨어 있으라. 어느 날에 너희 주가 임할는지 너희가 알지 못함이니라." 마 24:42

이 말씀에서 예수님이 요구하시는 것은 그분이 언제 오시든 맞이할 수 있도록 깨어 있는 것이지, 날짜를 맞추는 것이 아닙니다. 이것은 사도 바울의 권고에서도 동일합니다.

"형제들아 너희는 어둠에 있지 아니하매 그 날이 도둑 같이 너희에게 임하지 못하리니, 그러므로 우리는 다른 이들과 같이 자지 말고 오직 깨어 정신을 차릴지라." 살전 5:4, 6

데살로니가 교회는 예수의 재림에 대한 잘못된 가르침으로 인하여 혼란스러웠습니다. 여기에 대하여 사도바울은 "너희가 깨어 있다면 언제 오시든지 문제될 것이 없다"라고 말하는 것입니다. 성경이 요구하는 것은 재림의 날짜를 알라는 것이 아니라, 성도가 깨어 있는 것입니다. 그렇다면 언제 주님이 오시든지 상관이 없을 것입니다.

구약성경에 기록된 종말론

세상의 종말은 구약성경에서 이미 나타나고 있습니다. 구약의 예언서에서는 그것을 '여호와의 날'이라고 부릅니다 욜 1:15; 2:1, 11; 암 5:18; 말 4:5. '여호와의 날'은 여호와께서 세상에 직접 개입하셔서 그분의 뜻을 이루시는 날을 말합니다. 곧 악인을 심판하시고 의인을 구원하시는 날입니다. 이로써 구약성경은 마지막에 전 세계에 다가올 심판에 대해서 기록하고 있습니다. 하나님을 두려워하지 않는 이방 나라들은 무서운 심판을 당할 것입니다슥 14:12-15. '여호와의 날'은 이중적입니다. 세상은 심판을 받지만 하나님의 백성들은 구원을 받게 될 것입니다슥 14:16-21. 뿐만 아니라 때로 구원은 이스라엘 밖의 '모든 나라'에 나타날 것입니다사 2:1-5. 그 미래는 이스라엘 역사에서 나타난 전성기인 다윗과 솔로몬 시대를 능가한다고 묘사되어 있습니다. 평화로운 나라, 죽음이 없어지는 것, 새 하늘과 새 땅들로 표현됩니다. 대표적인 것이 사 11:6절 이하입니다. "그때에 이리가 어린양과 함께 살며 표범이 어린 염소와 함께 누우며 송아지와 어린 사자와 살진 짐승이 함께 있어 어린 아이에게 끌리며…" 이러한 것들이 여호와의 날에 이루어질 일들입니다. 이 세상의 평화와 영광은 다름 아닌 모든 백성들이 여호와를 섬기며 그분의 사랑과 은혜가 충만함으로 이루어지는 것입니다.

"이는 물이 바다를 덮음같이 여호와를 아는 지식이 세상에 충만할 것임이니라"사 11:9

이렇게 이루어지는 여호와의 날과 새로운 세상은 메시아의 다시 오심으로 성취됩니다. 재림하신 메시아께서 세상을 심판하시고 여호와의 백성들을 구원하실 것입니다. 그분은 세상에 평화를 주실 것이며, 여호와의 은혜와 의로서 세상을 통치하실 것입니다사 9:1-7. 이러한 메시아의 오심과 새로운 세상의 도래는 다니엘서에서도 잘 기록되어 있습니다단 7:13, 14.

인자가 그분의 백성들과 함께 구름을 타고 오셔서 하나님의 나라를 이루실 것입니다. 이런 것을 볼 때 구약성경이 말하는 종말은 두 가지 특징이 있습니다.

첫 번째로, 세상의 종말에는 여호와를 모르고 성도들을 괴롭히던 자들은 심판을 받을 것이나, 하나님의 백성들은 구원을 받을 것입니다. 곧 여호와의 날은 택함을 받은 자들에게는 기쁨과 승리의 날이요, 유기된 자들에게는 심판과 저주의 날이 되는 것입니다. 그리고 세상은 새롭게 되어 하나님의 백성들의 구원과 기쁨이 넘칠 것입니다. 두 번째로 이러한 심판과 구원은 메시아가 오심으로 이루어질 것인데, 구약에서는 메시아의 오심이 한 번만 있는 것처럼 기록되어 있습니다. 그리고 그 메시아가 오시면 새로운 세상이 시작될 것입니다. 구약의 종말론은 특별히 이사야, 에스겔, 다니엘서와 같은 선지서와 묵시서에 잘 기록되어 있습니다.

신약성경에 기록된 종말론

신약성경의 종말론은 구약성경보다 훨씬 더 풍성하지만, 전체적인 내용은 그대로 받고 있습니다. 종말에 대해서 가장 먼저 말씀하신 분은 다름 아닌 예수님이셨습니다 마 24, 25장. 예수께서는 자신이 다시 오실 때, 하나님께서는 대적하는 자들과 세상을 심판하실 것이라고 말씀하셨습니다. 그리고 악인들로부터 고통당하던 백성들을 구원하실 것입니다. 그러나 신약의 종말론에서는 구약의 종말론보다 더 발전하고 자세하게 묘사된 내용이 있습니다. 그것이 무엇인가 할 때 바로 메시아의 초림과 재림, 즉 두 번의 오심입니다. 이 내용으로 인하여 종말론은 복잡한 모습을 띠게 됩니다.

신약 시대에 약속대로 메시아이신 예수께서 오십니다. 그런데 메시아께서는 먼저 심판보다는 구원을 위해서 오셨습니다. 하나님이 세상을 이처럼 사랑하사 독생자를 보내셨습니다요 3:16. 그러므로 초림하신 메시아께서는 죄인을 사랑하시고 그들을 위하여 십자가를 지고 죽으셨다가 부활하심으로 구원을 이루셨습니다. 이것은 예수님을 바라보던 사람들에게 혼동을 주기도 했습니다. 대표적인 사람이 세례 요한입니다. 그는 메시아께서 오시면 의인을 구원하시며 죄인을 향한 심판을 행하실 것이라고 생각했습니다눅 3:7-14. 그러나 예수께서 죄인을 구원하시는 것을 보고 요한은 혼란스러워했고, 그분이 메시아인지 의심하기도 했습니다눅 7:20. 이에 대해 예수께서는 자신의 사역이 메시아의 사역이라는 것을 이사야 선지자의 예언을 통해서 증명하셨습니다. 메시아는 단순히 심판주가 아니라, 먼저 구원주로 오셔야 합니다. 그리고 메시아께서 구약에서 예언한 구속 사역을 다 이루신 후에 다시 하늘로 승천하셨습니다. 그렇다면 구약이 예언하는 심판주로서의 메시아는 어떻게 된 것일까요? 물론 그 역사는 예수께서 다시 오실 때 있을 것입니다. 예수께서는 심판주로서 재림하십니다. 사도행전이 말씀하는 바와 같이 '예수의 올라가심을 본 그대로 다시 오실 것'행 1:11입니다. 그리고 그때는 구약에서 예언된 열방을 심판하시고 그분의 백성들을 죄와 사망의 권세에서 구원하시는 사역을 하실 것입니다. 이로서 신약성경은 메시아께서 두 번 오실 것이고, 그분이 두 번째 오실 때 세상이 종말을 맞이할 것이라고 가르칩니다.

하나님 나라의 도래

여기서 한 가지 더 생각해야 할 것이 있습니다. 그렇다면 구약에서 말하는 하나님 나라의 도래, 혹은 새 하늘과 새 땅의 도래는 언제 있는 것일까요? 이것도 메시아께서 두 번 오신다는 사실과 연결하여 이해할 필요가 있습니다. 그리스도께서는 초림하실 때, 하나님의 나라를 이미 세우시고 세상을 새롭게 하는 일을 시작하셨습니다. 지금도 그리스도께서는 하늘 보좌 우편에서 만물을 충만케 하시는 일을 하고 계십니다엡 1장. 이미 그리스도는 구약에서 예언한 하나님의 나라를 이루고 계시며 여호와를 아는 지식이 세상에 충만해지고 있습니다. 그분의 교회가 온 세상에 퍼지고 있기 때문입니다. 또한 교회를 통하여 하나님의 택하신 백성들이 계속해서 그분의 나라로 들어오고 있으며 하나님 나라가 충만해지고 있습니다. 그러나 하나님 나라의 완성은 예수님의 재림 때에 있을 것입니다. 구약에서는 마치 하나님의 나라가 한 번에 이루어지는 것처럼 묘사되어 있지만, 신약은 예수님의 초림과 재림 사이에 긴 시간을 통하여 점진적으로 이루어지고 있음을 보여줍니다. 이런 면에서 우리는 이미 '종말의 시대'를 살고 있습니다. 구약성경이 말하는 종말은 메시아이신 예수께서 오셨을 때 시작된 것입니다. 그리고 이 종말은 예수께서 다시 오심으로 완성될 것입니다. 신약의 종말론은 마태복음서, 데살로니가전후서, 그리고 요한계시록 등에 잘 기록되어 있습니다.

🐟 천년 왕국에 대하여

종말론을 이해할 때 큰 문제가 된 것이 바로 '천년 왕국'이론입니다. 왜냐하면 특별히 시한부 종말론자들은 예수께서 공중재림하실 때, 성도들이 휴거될 것이며, 그다음에 천년 왕국이 이루어질 것이라고 주장하기 때문입니다. '천년 왕국' 이론은 계 20:1-6을 기반으로 합니다. 요한계시록은 사탄이 천년 동안 결박당하고, 그때 하나님의 백성들이 천년 동안 왕 노릇한다고 말합니다. 그렇다면 성도들이 천년 동안 왕 노릇한다는 구절을 어떻게 해석하느냐에 따라서 이 세상에서 성도들이 어떻게 살아야 하는지에 대한 여러 가지 이론들이 나오게 됩니다. 천년 왕국에 대해서는 교회사적으로 세 가지 이론이 있습니다.

전천년 왕국설

그리스도께서 어느 시점에 재림하신 다음 천년 왕국이 올 것이라는 주장입니다. 그 특징은 다음과 같습니다. 첫 번째로 전천년설은 계 20장에 묘사되어 있는 천년 왕국을 문자적으로 이해한 것입니다. 그리하여 천년이라는 기간, 첫째 부활20:4과 둘째 부활20:12, 완전한 평화와 정의가 실현되는 그리스도의 현실적 지상 통치가 있을 것이라고 주장합니다. 두 번째로 전천년설은 계 20:4의 첫째 부활과 20:12의 둘째 부활을 동일한 유형의 부활, 곧 육체적 부활로 해석합니다. 첫째 부활은 천년 동안 그리스도의 통치에 참여할 성도들의 육체적 부활을 말하며, 둘째 부활은 천년 왕국이 끝난 후 모든 악인들의 육체적 부활을 말하는 것으로 봅니다. 세 번째로 전천년설은 그리스도의 재림과 관련된 사건들의 순서에 대한 견해 차이로 인해서 여러 가지 형태로 나누어집니다. 대표적인 것은 역사적 전천년설과 세대주의적 전천년설입니다. 양자는 그리스도의 재림 후에, 그리고 세상의 종말 이전에 이 땅 위에 천년 왕국이 있으리라는 주장에서는 일치합니다. 그러나 대환란과 휴거의 시기 문제에 대해서는 입장을 달리합니다. 세대주의적 전천년설은 휴거가 대환란 전에 있으며, 교회는 대환란을 통과하지 않을 것이라고 주장하는 데 반해, 역사적 전천년설은 휴거는 대환란 끝에 있으며 교회는 환란을 통과할 것이라고 주장합니다. 우리나라에서는 합동교단이 역사주의 전천년설을 받아들이고 있습니다. 또한 전자는 천년설의 성경적 근거를 주로 구약성경에 두는 데 비해, 후자는 신약 성경에 둡니다. 네 번째로 세대주의적 전천년설은 영국의 넬슨 다비1800-1882에 의해서 처음 시작되었습니다. 그는 성경을 일곱 시대로 나누었습니다. 그리고 각 시대마다 하나님은 그 시대에 성취되어야 할 특별한 목적과 뜻을 계시하고 인간이 신앙으로 응답해야 한다고 생각했습니다. 그 시대는 다음과 같습니다.

❶ 무죄 시대 타락 이전 아담의 시대

❷ 양심의 시대 아담에서 노아 홍수까지

❸ 인간 통치 시대 바벨탑 이후의 시대

❹ 약속의 시대 아브라함에서 모세까지

❺ 율법의 시대 모세에서 그리스도까지

❻ 은혜의 시대 그리스도로부터 공중휴거까지

❼ 천년 왕국의 시대

특별히 세대주의의 두 가지 중심적 사상은 '휴거'와 '7년 대 환란'입니다. '휴거'라는 개념은 그리스도께서 재림하실 때 살아 있는 그리스도인들이 그를 공중에서 영접하기 위해서 구름 속으로 들려 올라간다는 주장입니다. 근거는 살전 4:16-17입니다. "주께서 호령과 천사장의 소리와 하나님의 나팔 소리로 친히 하늘로부터 강림하시리니 그리스도 안에서 죽은 자들이 먼저 일어나고, 그 후에 살아남은 자들도 그들과 함께 구름 속으로 끌어 올려 공중에서 주를 영접하게 하시리니 그리하여 우리가 항상 주와 함께 있으리라." 공중 휴거를 통해서 그리스도인들은 환란을 면한다는 것입니다. 그러나 그 해석의 근거는 매우 불확실합니다.

후천년 왕국설

후천년설은 천년 왕국이 세워진 다음 그리스도께서 재림할 것이라는 이론입니다. 후천년설은 이 세계 안에 있는 것들에 대하여 낙관적입니다. 즉, 천년 왕국은 이 세계 안에서, 국가, 사회, 자연의 내적 법칙과 사회 질서를 통하여 이루어질 것이라고 생각합니다. 그때 큰 권한이 교회에 부여될 것이고, 교회가 그 사명을 성취할 때 세상에 천년 왕국의 평화로운 상태가 이루어지고, 그 후에 그리스도께서 재림하여 영원한 나라를 세우실 것이라고 주장합니다. 후천년설의 특징은 다음과 같습니다. 첫 번째로 후천년설은 성경은 상징적, 영적으로 이해한 것입니다. 천년 왕국은 문자적 천년이 아니라 예수의 재림 이전의 하나님의 통치를 뜻한다고 봅니다. 두 번째로 후천년설은 낙관주의적 세계관과 역사관에 기초합니다. 세 번째로 후천년설은 천년 왕국이 그리스도의 죽음과 부활을 통하여 이 세상에서 이미 시작되었다고 봅니다. 하나님의 나라는 지금 있으며 점점 확산되어 갈 것이라고 합니다. 네 번째로 후천년설에 의하면 천년 왕국은 현재의 시대와 본질적으로 다르다고 생각하지 않습니다. 세상에서 악과 부패가 있지만 점점 축소되거나 제거되고 자연스럽게 세상이 천년 왕국이 된다고 주장합니다. 이러한 이론은 성경과는 거리가 있습니다.

후천년설은 성령의 시대에 천년 왕국의 상태가 이루어질 것으로 본 요아킴 폰 피오레의 사상에서 시작하여 18세기에 전성기를 맞이하였습니다. 이 시대에 일어나기 시작한 기독교의 부흥운동과 세계선교는 하나님의 나라를 이루는 데 중요한 의미를 가진 것으로 생각되었고, 기독교 대부흥운동과 세계선교를 촉진시켰습니다. 그러나 후천년설은 인간 세상의 가능성을 긍정하였고, 하나님의 능력과 개입을 배제하는 잘못을 범하였습니다. 결국 19세기의 후천년설이 세속적 진보신앙으로 기울어지고, 도덕적 사회적 진보를 하나님의 나라와 동일시한 자유주의 신학과 접목되어 쇠퇴되었습니다.

무천년 왕국설

무천년설은 계시록의 천년 왕국이 미래가 아니라, 예수의 초림부터 시작하여 지금 실현 과정 속에 있다는 것으로 해석합니다. 성도는 예수의 초림과 재림 사이의 천년 왕국에 살고 있는 것입니다. 무천년설의 특징은 다음과 같습니다. 첫 번째로 무천년설은 계시록을 상징적, 영적으로 이해합니다. 즉 십사만 사천과 7년, 3년 반과 같은 숫자들을 상징으로 해석합니다. 그러므로 숫자를 연구하여 예수님의 재림 시간을 알 수 있다고 생각하지 않습니다. 두 번째로 계시록의 사건들은 마지막에 있을 시간표가 아니라, 그리스도의 초림 이후 교회의 전 역사에서 일어나는 사건에 대한 기록으로 해석합니다. 세 번째로 천년 왕국은 지상의 현실적 왕국이 아니라, 그리스도의 초림과 함께 시작한 하나님의 나라를 가리키는 것으로 해석합니다.

개혁교회는 무천년설을 지지합니다. 그러므로 천년 왕국이 언제 있을 것인가를 예측하는 것은 의미가 없습니다. 그렇다면 '천년'이라는 숫자는 무엇을 의미하는가 할 때, 예수님의 초림과 재림 사이에 그분의 통치가 장구하고 완전할 것이라는 상징입니다. 십은 완전수인데, 그 십을 세번 곱한 것이 천이기 때문입니다. 역시 십사만 사천 명이라는 구원받은 자들의 숫자 역시 실제 수가 아니라, 구원받은 성도의 수가 충만하고 완전할 것이라는 상징입니다. 무천년설을 지지하는 학자들은 계시록을 상징으로 해석합니다. 또한 무천년설에서는 '휴거'를 믿지 않습니다. 예수께서 공중 재림하실 때 믿음이 충만한 자들은 공중으로 들려 올라가며 휴거, 악인들과 믿음이 약한 자들은 이 땅에서 남아서 7년 대환란 혹은 3년 반의 대환란을 견뎌야 구원에 이를 수 있다는 주장이 휴거입니다. 그러나 이 '휴거'는 전혀 성경적 근거가 없습니다. 예수께서 재림하시면 모두 부활하여 하나님의 심판대 앞에 설 것입니다. 정통 개혁교회들의 입장이 무천년설입니다.

🐟 예수께서 재림하실 때 무슨 일이 있을 것인가?

모든 성도가 거룩하게 됨

앞에서 말씀드린 대로 예수께서 재림하실 날짜는 우리가 전혀 알 수 없습니다. 왜냐하면 '도둑같이' 오실 것이기 때문입니다. 그렇기에 갑작스럽게 오실 것입니다. 그리고 그때 세상의 마지막이 시작될 것인데, 그 시작은 사람들이 부활하는 일이 될 것입니다. 먼저 성경은 예수님의 재림에 있을 때 죽은 성도의 육이 부활할 것이며, 살아 있는 성도는 거룩한 몸으로 변화될 것이라고 합니다. 즉, 성도의 육과 영혼이 다 함께 그리스도의 영광으로 들어가는 구원의 완성을 이룰 것입니다살전 5:13-18. 물론 예수께서 재림하시기 전에도 성도가 이 땅에서 자신의 생을 다 마쳤을 때, 그의 영혼은 그리스도와 신앙의 조상들이 계시는 복된 곳으로 갈 것입니다. 거기서 그 영혼은 영원한 영광과 신적인 거룩에 참여할 것입니다. 그러나 성도의 구원은 완전하지 못합니다. 왜냐하면 그의 육체는 아직 땅속에서 쉬고 있으며, 영광에 참여하고 있지 못하기 때문입니다.

전인의 구원

성도의 육체 또한 그리스도의 영광과 거룩에 참여해야 합니다. 왜냐하면 하나님께서 사람을 영와 육으로 창조하셨기 때문입니다. 그러므로 성경은 "평강의 하나님이 친히 너희를 온전히 거룩하게 하시고 또 너희의 온 영과 혼과 몸이 우리 주 예수 그리스도께서 강림하실 때에 흠 없게 보전되기를 원하노라"살전 5:23라고 말합니다. 여기서 사도바울 선생님이 말씀하고자 하시는 것은 성도의 구원은 단순히 영혼에 속한 것이 아니라, 전인全人에 속한 것이라는 사실입니다. 하나님의 뜻은 우리가 '온전하게' 보전되는 것입니다. 예수께서 재림하실 때, 성도의 잠자고 있는 육체를 일으키시되, 죄 없는 거룩한 육체로 일으키십니다. 그리고 그리스도와 함께 복된 곳에 있던 거룩한 영혼과 육체가 다시 하나가 되어 온전한 성도로 일어나는 것입니다.

성도의 영광스러운 몸

여기서 성경은 우리가 그리스도의 영광스러운 몸과 같이 된다고 말합니다. 성경은 "그는 만물을 자기에게 복종하게 하실 수 있는 자의 역사로 우리의 낮은 몸을 자기 영광의 몸의 형태와 같이 변하게 하시리라"빌 3:21라고 합니다. 여기서 조심하셔야 할 것은 성도가 그리스도와 같이 된다는 말씀은 우리가 그분의 신성에 참여한다는 것이거나, 우리가 하나님과 같이 된다는 의미는 아닙니다. 왜냐하면 하나님은 창조주이시며, 우리는 피조물이기 때문입니다. 성도가 영광스럽게 된다고 할지라도 하나님의 신적인 속성들, 즉 편재, 전능, 전지 등등에는 참여할 수 없습니다. 그것은 하나님의 신성에 속한 것입니다. 그러나 우리는 그리스도께서 사람으로 오셔서 영광스럽게 되셨음을 성경에서 봅니다. 즉, 부활하신 그리스도께서 보이신 것입니다. 더 이상 사람의 연약함은 사라진 복되고 거룩하고 영광스러운 모습입니다. 그래서 우리의 현재의 몸, 죄로 인하여 부패하고 연약한 몸은 그리스도께서 부활하신 후 제자들에게 보이신 영광스러운 몸으로 변화될 것입니다. 이 영광스러운 몸을 가져야 영원한 하나님의 나라에 들어갈 수 있습니다고전 15:50. 이는 타락 전 아담보다 더 좋은 상태로 변화되는 것입니다.

재림을 소망하는 성도

　이러므로 성도는 마땅히 그리스도의 재림을 바라보게 됩니다. 그리스도는 교회의 구원을 완성하러 오십니다. 요한 계시록은 완성된 영광스러운 교회의 모습이 새 예루살렘으로 묘사되어 있습니다계 21:2. 이 땅에서 성도는 아직 바벨론으로 상징되는 세상의 흐름과 자기 안에 있는 죄와 부패로 인하여 고난을 받습니다. 그에게는 이미 그리스도로 인한 구원이 시작되었고, 구원의 완성이 약속되어 있지만, 아직 이 세상에서는 생명이 성장하듯, 구원이 풍성해지는 과정이 필요합니다. 그 안에서 성도에게는 싸움과 투쟁이 있고, 슬픔과 좌절과 고통이 있습니다. 때때로 신앙의 승리를 누리기도 하지만, 대부분의 인생을 살아가는 동안에는 아직 연약한 우리 자신을 확인합니다.

　그러므로 성도는 더욱 하나님의 은혜와 그리스도를 붙잡고, 그 안에서 발견되기를 소망하며, 그분이 다시 오셔서 시작하신 구원을 완성하기를 소망합니다. 고난 속에 있는 성도들에게 내가 다시 돌아와 그 구원을 완성하겠다고 약속하신 것이 바로 예수님의 재림입니다. 그러므로 그리스도의 재림을 기다리는 성도들은 자신들의 연약과 부패함으로 인하여 그분이 진노와 멸망으로 대하실 것이라는 생각을 떨쳐버려야 합니다. 만약 우리가 우리의 구원을 완성하고, 하나님의 나라를 이 땅에 세울 수 있었다면 주님은 다시 오지 않으실 것입니다. 그러나 그것은 우리에게 달려 있지 않습니다. 왜냐하면 구원과 하나님의 나라를 세우는 것은 신적인 사역이기 때문입니다. 오직 그분만 하실 수 있습니다. 그러므로 성도는 자신의 연약함을 보며 더욱더 주님의 재림을 사모함이 옳습니다. 그분은 고난받은 자녀와 신부를 구하러 오시는 아버지이고, 신랑이시며, 자기를 죽음에 내어주기까지 우리를 사랑하신 분이십니다. 우리를 향한 하나님의 긍휼과 십자가를 지신 그리스도의 사랑에 우리의 신앙을 세웁시다.

새 하늘과 새 땅

마지막에는 단순히 성도의 거룩함뿐만 아니라, 하늘과 땅이 새롭게 될 것입니다. 롬 8:21은 모든 피조물이 썩어짐의 종노릇하는 데에서 자유롭게 되기를 원한다고 합니다. 이것은 예수께서 재림하실 때 성도들뿐만 아니라, 성도들이 살게 될 세상도 죄로부터 자유롭게 될 것임을 가르치는 것입니다. 뿐만 아니라 엡 1:23을 보면 예수께서는 교회를 통하여 만물을 충만하게 하고 계십니다. 이것은 성도의 구원이 세상을 새롭게 하는 것에도 영향을 미치는 것을 알 수 있습니다. 구원받은 성도들을 위한 영원한 나라는 부패하고 변하기 쉬운 옛 세상에 세워질 수 없습니다. 물론 새 하늘과 새 땅이 어디에 세워질지 어떤 곳인지 정확히 알 수는 없습니다. 성경에 기록이 많지 않기 때문입니다. 아마도 새 하늘과 새 땅에도 거룩한 자연이 있고 문화가 있을 것이라고 추측합니다. 거기에 거룩한 성도가 거하게 될 새 예루살렘, 즉 하나님의 나라가 세워질 것이며, 그곳은 하나님의 영광이 찬란할 것입니다. 즉, 하나님 나라는 죄가 없이 하나님 앞에서 선만을 행하며 사는 기쁨과 영광이 넘치는 곳입니다.

악인들의 정죄와 심판

예수께서 재림하실 때는 심판주로 오셔서 악인을 정죄하여 심판하실 것입니다. 성경을 보면 예수께서 심판하시는 사람들은 두 부류일 것입니다. 한 부류는 하나님과 그리스도를 거역하며 그분을 구세주로 받아들이지 않은 죄인들입니다. 아담 안에서 모든 인류가 부패했습니다. 그들은 하나님과 상관없이 자신들의 의를 세우고 있지만, 그들의 의는 하나님께로부터 정죄받을 부패한 의입니다. 그러므로 심판 때에 그들은 의롭다 함을 받지 못하고 결국 심판에 들어가게 될 것입니다. 요한계시록에 따르면 그들은 세상의 사조와 바벨론의 권력과 향락을 좇습니다계 13:11-18. 또한 온갖 화려함과 부를 누리던 자들입니다계 18장. 그들은 그리스도를 따르지 않고 바벨론을 따랐기에 바벨론이 심판받을 때 함께 심판을 받을 것입니다. 세상과 짝하는 것은 그리스도를 멀리하는 것입니다. 성도들은 부과 권력이 아니라, 그리스도의 거룩과 의를 따를 것입니다계 14:1-5. 그리스도를 따르는 자들은 그분이 심판의 자리에서 변호자가 되실 것이나, 그리스도를 모르는 자들은 결국 정죄를 받게 될 것입니다.

이렇게 예수를 모르는 자들 외에도 한 부류의 사람들이 더 심판을 받게 될 것입니다. 이들은 하나님과 예수를 안다고 하지만 그분의 말씀을 따르지 않던 자들입니다. 이들에 대해서는 마 25장에 기록되어 있습니다. 그들은 예수를 기다리지만 기름을 준비하지 않은 게으른 처녀들이며, 주신 달란트를 사용하지 않고 땅에 묻은 자들이며, 소자들을 돌보지 않은 자들입니다. 이들은 입으로는 신앙을 가졌다고 말하지만 전혀 예수를 따르지 않았음을 보여주고 있습니다. 성도는 종말이 다가올수록 자신의 믿음을 행위로 보이고자 할 것입니다. '주여, 주여' 하는 자들이 하나님의 나라에 들어가지 않고 '하늘에 계신 내 아버지의 뜻대로 행하는 자들'이 들어갑니다마 7:21. 그러므로 우리 모두 하나님의 뜻을 따르는데 열심을 내어야 합니다. 성령 하나님이 함께하시는 성도들은 성령의 열매를 맺기를 사모하여 열매를 맺을 것입니다. 이러한 은혜는 오직 성도들에게만 있는 것입니다.

✝ 예수님의 재림과 심판 후에 있을 일

성도가 누릴 영원한 복락

성경은 예수께서 다시 오신 후에 성도는 영원한 복락을 누릴 것이라고 말합니다. 요한계시록 21, 22장에서 영원한 복락의 특징을 두 가지로 설명해 놓았습니다. 첫 번째는 하나님이 그들과 함께 계셔서 그들을 위로하실 것이라는 사실입니다. "보라 하나님의 장막이 사람들과 함께 있으매 하나님이 그들과 함께 계시리니 그들은 하나님의 백성이 되고 하나님은 친히 그들과 함께 계셔서 모든 눈물을 그 눈에서 닦아주시니 다시는 사망이 없고 애통하는 것이나 곡하는 것이나 아픈 것이 다시 있지 아니하리니 처음 것들이 다 지나갔음이러라."계21:3, 4 위로하는 말씀에서 우리는 성도들이 이 땅에서 그리스도로 말미암아 많은 고난과 고통을 겪을 것임을 알 수 있습니다. 성도는 내적으로는 죄와 싸우며, 외적으로는 세상의 부패와 싸웁니다. 그는 세상에서 안식을 찾을 수 없으며, 많은 눈물을 흘릴 것입니다. 그러므로 하나님은 그의 눈에서 눈물을 씻기십니다. 이제 하나님이 그의 위로와 기쁨이 되실 것입니다. 세상에서 고난이 큰 만큼 하나님의 위로도 클 것입니다.

하나님과 백성들의 연합

두 번째로 하나님과 그리스도께서 성도들과 항상 함께 계시며 성도들은 그분의 얼굴을 볼 것이라고 말씀합니다. "다시 저주가 없으며 하나님과 그 어린양의 보좌가 그 가운데에 있으리니 그의 종들이 그를 섬기며, 그의 얼굴을 볼 터이요 그의 이름도 그들의 이마에 있으리라 다시 밤이 없겠고 등불과 햇빛이 쓸 데 없으니 이는 주 하나님이 그들에게 비치심이라 그들이 세세토록 왕 노릇 하리로다."계22:3-5 이 말씀은 더는 성도에게 의심이나 부패가 없고 하나님의 약속이 완전히 성취되었다는 사실을 보여줍니다. 성도들은 거룩하고 온전함으로 하나님을 섬기며, 그분을 즐거워합니다. 하나님의 충만한 영광과 생명이 성도에게 임하며, 하나님과 그분의 백성들의 연합은 더욱 커질 것입니다.

〈JESUS〉 마라나타! 주님의 재림을 기다림

마지막으로 예수님의 재림을 기다리는 사람들이 어떻게 살아야 할지가 궁금하실 것입니다. 이에 대해서 성경은 많은 말씀을 해주시지만 특별히 마태복음 26장의 세 가지 비유를 묵상하시기를 권합니다. 예수께서 오실 날이 가까이 올수록 세상은 더욱 험악해지고 신앙생활을 하는 것은 더욱 어려워질 것입니다. 그러한 때일수록 성도들은 더욱 주님께서 주신 사명에 충성해야 합니다. 세상이 어두울수록 빛과 소금이 필요합니다. 기름믿음을 준비하고, 한 달란트에 최선을 다하여 충성하며, 소자를 사랑하는 자들을 그리스도께서 기뻐하십니다. 육신을 죽이는 자들을 두려워하지 말고, 우리의 영혼을 살리시는 하나님을 의지해야 합니다. 세상이 소망의 전부인 자들에게는 주님의 재림이 두렵고 무서울 것입니다. 그들에게는 세상이 기쁨이기 때문입니다. 그러나 죄와 싸우며 거룩을 소망하는 성도들은 주님께서 다시 오시는 것이 너무나도 기쁠 것입니다. 그분이 오심으로 우리의 구원이 완성되며 하나님의 은혜와 거룩함 속에서 죄와 부패 없이 살 것이기 때문입니다. 그리스도를 사랑하는 자들은 종말을 고대합니다. 마라나타 주 예수여, 어서 오시옵소서!

교회의 고백과 찬양

저자 소개

김병석 목사
- 한국성서대학교 신학과(B.A)
- 안양대학교 신대원(M.Div, Th.M)
- 총신대학교 일반대학원 조직신학(Ph.D수료)
- 현) 반석튤립교회 담임목사

김지훈 목사
- 안양대학교 신학과(B.A.)
- 안양대학교 신대원(M.Div, Th.M)
- 네덜란드 아펠도른 신학교 교회사(Th.D)
- 현) 신반포중앙교회 담임목사
  안양대학교 신대원 교회사 강사

안종성 목사
- 안양대학교 목회학과(B.A)
- 안양대학교 신대원(M.Div, Th.M)
- 안양대학교 일반대학원 교회사(Th.D수료)
- 현) 주님사랑교회 담임목사
  미래목회연구소 이사

유광진 목사
- 안양대학교 신학과(B.A.)
- 안양대학교 신학대학원(M.div)
- 안양대학교 일반대학원 교회사(M.A., Th.D수료)
- 현) 함께지어가는교회 담임목사

전병재 목사
- 안양대학교 목회학과(B.A)
- 안양대학교 신대원(M.Div, Th.M)
- 안양대학교 일반대학원 조직신학(Th.D)
- 전) 안양대학교 특임교수
- 현) 민들레교회 담임목사
  사)온누리사랑나눔 이사장

교회의 고백과 찬양

초판 1쇄 인쇄 2022년 5월 10일
초판 1쇄 발행 2022년 5월 15일

저　자　김병석·김지훈·안종성·유광진·전병재
펴낸이　임 순 재
펴낸곳　(주)한올출판사
　　　　대한예수교장로회(대신) 부천노회 교육부
등　록　제11-403호
주　소　서울시 마포구 모래내로 83(성산동 한올빌딩 3층)
전　화　(02) 376-4298(대표)
팩　스　(02) 302-8073
홈페이지　www.hanol.co.kr
e-메일　hanol@hanol.co.kr
ISBN　**979-11-6647-227-5**

교회의 고백과 찬양